DASH DIÄT KOCHBUCH 2022

EINFACHE REZEPTE MIT NIEDRIGEM NATRIUMGEHALT ZUR BESCHLEUNIGUNG DES GEWICHTSVERLUSTS UND DER SENKUNG DES BLUTDRUCKS

MICHAEL STEIN

Inhaltsverzeichnis

Senfgrün anbraten

Zubereitungszeit: 10 Minuten
Kochzeit: 12 Minuten
Portionen: 4

Zutaten:

- 6 Tassen Senfgrün
- 2 Esslöffel Olivenöl
- 2 Frühlingszwiebeln, gehackt
- ½ Tasse Kokoscreme
- 2 Esslöffel süßer Paprika
- Schwarzer Pfeffer nach Geschmack

Richtungen:

1. Eine Pfanne mit dem Öl bei mittlerer Hitze erhitzen, Zwiebeln, Paprika und schwarzen Pfeffer hinzufügen, umrühren und 3 Minuten anbraten.
2. Den Senf und die anderen Zutaten zugeben, schwenken, weitere 9 Minuten kochen, auf Teller verteilen und als Beilage servieren.

Ernährung: Kalorien 163, Fett 14,8, Ballaststoffe 4,9, Kohlenhydrate 8,3, Protein 3,6

Bok-Choi-Mischung

Zubereitungszeit: 10 Minuten
Kochzeit: 12 Minuten
Portionen: 4

Zutaten:
- 1 Esslöffel Avocadoöl
- 1 Esslöffel Balsamico-Essig
- 1 gelbe Zwiebel, gehackt
- 1 Pfund Pak Choi, zerrissen
- 1 Teelöffel Kreuzkümmel, gemahlen
- 1 Esslöffel Kokosaminos
- ¼ Tasse natriumarme Gemüsebrühe
- Schwarzer Pfeffer nach Geschmack

Richtungen:
1. Erhitzen Sie eine Pfanne mit dem Öl bei mittlerer Hitze, fügen Sie die Zwiebel, den Kreuzkümmel und den schwarzen Pfeffer hinzu, rühren Sie um und kochen Sie 3 Minuten lang.
2. Pak Choi und die anderen Zutaten dazugeben, umrühren, weitere 8-9 Minuten garen, auf Teller verteilen und als Beilage servieren.

Ernährung: Kalorien 38, Fett 0,8, Ballaststoffe 2, Kohlenhydrate 6,5, Protein 2,2

Mischung aus grünen Bohnen und Auberginen

Zubereitungszeit: 4 Minuten
Kochzeit: 40 Minuten
Portionen: 4

Zutaten:

- 1 Pfund grüne Bohnen, getrimmt und halbiert
- 1 kleine Aubergine, in große Stücke geschnitten
- 1 gelbe Zwiebel, gehackt
- 2 Esslöffel Olivenöl
- 2 Esslöffel Limettensaft
- 1 Teelöffel geräucherter Paprika
- ¼ Tasse natriumarme Gemüsebrühe
- Schwarzer Pfeffer nach Geschmack
- ½ Teelöffel Oregano, getrocknet

Richtungen:

1. In einer Bratpfanne die grünen Bohnen mit der Aubergine und den anderen Zutaten mischen, schwenken, in den Ofen geben, bei 390 Grad F für 40 Minuten backen, auf Teller verteilen und als Beilage servieren.

Ernährung: Kalorien 141, Fett 7,5, Ballaststoffe 8,9, Kohlenhydrate 19, Protein 3,7

Mischung aus Oliven und Artischocken

Zubereitungszeit: 5 Minuten
Kühlzeit: 0 Minuten
Portionen: 4

Zutaten:
- 10 Unzen Artischockenherzen in Dosen, ohne Salzzusatz, abgetropft und halbiert
- 1 Tasse schwarze Oliven, entkernt und in Scheiben geschnitten
- 1 EL Kapern, abgetropft
- 1 Tasse grüne Oliven, entkernt und in Scheiben geschnitten
- 1 EL Petersilie, gehackt
- Schwarzer Pfeffer nach Geschmack
- 2 Esslöffel Olivenöl
- 2 Esslöffel Rotweinessig
- 1 EL Schnittlauch, gehackt

Richtungen:
1. In einer Salatschüssel die Artischocken mit den Oliven und den anderen Zutaten vermengen, schwenken und als Beilage servieren.

Ernährung: Kalorien 138, Fett 11, Ballaststoffe 5,1, Kohlenhydrate 10, Protein 2,7

Kurkuma-Paprika-Dip

Zubereitungszeit: 4 Minuten
Kochzeit: 0 Minuten
Portionen: 4

Zutaten:

- 1 Teelöffel Kurkumapulver
- 1 Tasse Kokoscreme
- 14 Unzen rote Paprika, ohne Salzzusatz, gehackt
- Saft von ½ Zitrone
- 1 EL Schnittlauch, gehackt

Richtungen:

1. Die Paprika mit dem Kurkuma und den anderen Zutaten außer dem Schnittlauch in Ihrem Mixer mischen, gut pürieren, auf Schüsseln verteilen und mit dem Schnittlauch darüber gestreut als Snack servieren.

Ernährung: Kalorien 183, Fett 14,9, Ballaststoffe 3. Kohlenhydrate 12,7, Protein 3,4

Linsenaufstrich

Zubereitungszeit: 5 Minuten
Kochzeit: 0 Minuten
Portionen: 4

Zutaten:

- 14 Unzen Dosenlinsen, abgetropft, ohne Salzzusatz, gespült
- Saft von 1 Zitrone
- 2 Knoblauchzehen, gehackt
- 2 Esslöffel Olivenöl
- ½ Tasse Koriander, gehackt

Richtungen:

1. Die Linsen mit dem Öl und den anderen Zutaten in einem Mixer mischen, gut pürieren, auf Schüsseln verteilen und als Partyaufstrich servieren.

Ernährung: Kalorien 416, Fett 8,2, Ballaststoffe 30,4, Kohlenhydrate 60,4, Protein 25,8

Geröstete Walnüsse

Zubereitungszeit: 5 Minuten
Kochzeit: 15 Minuten
Portionen: 8

Zutaten:

- ½ Teelöffel geräucherter Paprika
- ½ Teelöffel Chilipulver
- ½ Teelöffel Knoblauchpulver
- 1 Esslöffel Avocadoöl
- Eine Prise Cayennepfeffer
- 14 Unzen Walnüsse

Richtungen:

1. Die Walnüsse auf einem mit Backpapier ausgelegten Backblech verteilen, das Paprikapulver und die anderen Zutaten hinzufügen, schwenken und 15 Minuten bei 410 Grad F backen.
2. Auf Schälchen verteilen und als Snack servieren.

Ernährung: Kalorien 311, Fett 29,6, Ballaststoffe 3,6, Kohlenhydrate 5,3, Protein 12

Cranberry-Quadrate

Vorbereitungszeit:3 Stunden und 5 Minuten

Kochzeit: 0 Minuten

Portionen: 4

Zutaten:
- 2 Unzen Kokoscreme
- 2 Esslöffel Haferflocken
- 2 Esslöffel Kokosnuss, zerkleinert
- 1 Tasse Preiselbeeren

Richtungen:
1. Die Haferflocken mit den Preiselbeeren und den anderen Zutaten in einem Mixer mischen, gut pürieren und in einer quadratischen Pfanne verteilen.

In Quadrate schneiden und vor dem Servieren 3 Stunden im Kühlschrank aufbewahren.

Ernährung: Kalorien 66, Fett 4,4, Ballaststoffe 1,8, Kohlenhydrate 5,4, Protein 0,8

Blumenkohlriegel

Zubereitungszeit: 10 Minuten
Kochzeit: 30 Minuten
Portionen: 8

Zutaten:

- 2 Tassen Vollkornmehl
- 2 Teelöffel Backpulver
- Eine Prise schwarzer Pfeffer
- 2 Eier, verquirlt
- 1 Tasse Mandelmilch
- 1 Tasse Blumenkohlröschen, gehackt
- ½ Tasse fettarmer Cheddar, zerkleinert

Richtungen:

1. In einer Schüssel das Mehl mit dem Blumenkohl und den anderen Zutaten vermengen und gut verrühren.
2. Auf einem Backblech verteilen, in den Ofen geben, bei 400 Grad F 30 Minuten backen, in Riegel schneiden und als Snack servieren.

Ernährung: Kalorien 430, Fett 18,1, Ballaststoffe 3,7, Kohlenhydrate 54, Protein 14,5

Schalen mit Mandeln und Samen

Zubereitungszeit: 5 Minuten
Kochzeit: 10 Minuten
Portionen: 4

Zutaten:

- 2 Tassen Mandeln
- ¼ Tasse Kokosnuss, zerkleinert
- 1 Mango, geschält und gewürfelt
- 1 Tasse Sonnenblumenkerne
- Kochspray

Richtungen:

1. Mandeln, Kokosnuss, Mango und Sonnenblumenkerne auf einem Backblech verteilen, mit dem Kochspray einfetten, schwenken und 10 Minuten bei 400 Grad F backen.
2. Auf Schälchen verteilen und als Snack servieren.

Ernährung: Kalorien 411, Fett 31,8, Ballaststoffe 8,7, Kohlenhydrate 25,8, Protein 13,3

Kartoffelchips

Zubereitungszeit: 10 Minuten
Kochzeit: 20 Minuten
Portionen: 4

Zutaten:

- 4 goldene Kartoffeln, geschält und in dünne Scheiben geschnitten
- 2 Esslöffel Olivenöl
- 1 Esslöffel Chilipulver
- 1 Teelöffel süßer Paprika
- 1 EL Schnittlauch, gehackt

Richtungen:

1. Die Chips auf einem mit Backpapier ausgelegten Backblech verteilen, das Öl und die anderen Zutaten hinzufügen, schwenken, in den Ofen geben und 20 Minuten bei 390 Grad F backen.
2. Auf Schälchen verteilen und servieren.

Ernährung: Kalorien 118, Fett 7,4, Ballaststoffe 2,9, Kohlenhydrate 13,4, Protein 1,3

Grünkohl-Dip

Zubereitungszeit: 10 Minuten
Kochzeit: 20 Minuten
Portionen: 4

Zutaten:

- 1 Bund Grünkohlblätter
- 1 Tasse Kokoscreme
- 1 Schalotte, gehackt
- 1 Esslöffel Olivenöl
- 1 Teelöffel Chilipulver
- Eine Prise schwarzer Pfeffer

Richtungen:

1. Eine Pfanne mit dem Öl bei mittlerer Hitze erhitzen, die Schalotten dazugeben, umrühren und 4 Minuten dünsten.
2. Den Grünkohl und die anderen Zutaten zugeben, zum Köcheln bringen und bei mittlerer Hitze 16 Minuten garen.
3. Mit einem Pürierstab pürieren, auf Schalen verteilen und als Snack servieren.

Ernährung: Kalorien 188, Fett 17,9, Ballaststoffe 2,1, Kohlenhydrate 7,6, Protein 2,5

Rüben-Chips

Zubereitungszeit: 10 Minuten
Kochzeit: 35 Minuten
Portionen: 4

Zutaten:

- 2 Rüben, geschält und in dünne Scheiben geschnitten
- 1 Esslöffel Avocadoöl
- 1 Teelöffel Kreuzkümmel, gemahlen
- 1 Teelöffel Fenchelsamen, gemahlen
- 2 Teelöffel Knoblauch, gehackt

Richtungen:

1. Die Rote-Bete-Chips auf einem mit Backpapier ausgelegten Backblech verteilen, das Öl und die anderen Zutaten hinzufügen, schwenken, in den Ofen geben und 35 Minuten lang bei 400 Grad F backen.
2. Auf Schälchen verteilen und als Snack servieren.

Ernährung: Kalorien 32, Fett 0,7, Ballaststoffe 1,4, Kohlenhydrate 6,1, Protein 1,1

Zucchini-Dip

Zubereitungszeit: 5 Minuten
Kochzeit: 10 Minuten
Portionen: 4

Zutaten:

- ½ Tasse fettarmer Joghurt
- 2 Zucchini, gehackt
- 1 Esslöffel Olivenöl
- 2 Frühlingszwiebeln, gehackt
- ¼ Tasse natriumarme Gemüsebrühe
- 2 Knoblauchzehen, gehackt
- 1 Esslöffel Dill, gehackt
- Eine Prise Muskatnuss, gemahlen

Richtungen:

1. Eine Pfanne mit dem Öl bei mittlerer Hitze erhitzen, Zwiebeln und Knoblauch dazugeben, umrühren und 3 Minuten dünsten.
2. Die Zucchini und die anderen Zutaten außer dem Joghurt hinzufügen, umrühren, weitere 7 Minuten kochen und vom Herd nehmen.
3. Joghurt zugeben, mit dem Pürierstab pürieren, auf Schälchen verteilen und servieren.

Ernährung: Kalorien 76, Fett 4,1, Ballaststoffe 1,5, Kohlenhydrate 7,2, Protein 3,4

Samen und Apfelmischung

Zubereitungszeit: 10 Minuten
Kochzeit: 20 Minuten
Portionen: 4

Zutaten:

- 2 Esslöffel Olivenöl
- 1 Teelöffel geräucherter Paprika
- 1 Tasse Sonnenblumenkerne
- 1 Tasse Chiasamen
- 2 Äpfel, entkernt und in Spalten geschnitten
- ½ Teelöffel Kreuzkümmel, gemahlen
- Eine Prise Cayennepfeffer

Richtungen:

1. In einer Schüssel die Kerne mit den Äpfeln und den anderen Zutaten vermischen, auf einem mit Backpapier ausgelegten Backblech verteilen, in den Ofen geben und 20 Minuten bei 350 Grad F backen.
2. Auf Schälchen verteilen und als Snack servieren.

Ernährung: Kalorien 222, Fett 15,4, Ballaststoffe 6,4, Kohlenhydrate 21,1, Protein 4

Kürbisaufstrich

Zubereitungszeit: 5 Minuten
Kochzeit: 0 Minuten
Portionen: 4

Zutaten:

- 2 Tassen Kürbisfleisch
- ½ Tasse Kürbiskerne
- 1 Esslöffel Zitronensaft
- 1 Esslöffel Sesampaste
- 1 Esslöffel Olivenöl

Richtungen:

1. Den Kürbis mit den Kernen und den anderen Zutaten in einem Mixer mischen, gut pürieren, auf Schalen verteilen und als Partyaufstrich servieren.

Ernährung: Kalorien 162, Fett 12,7, Ballaststoffe 2,3, Kohlenhydrate 9,7, Protein 5,5

Spinataufstrich

Zubereitungszeit: 10 Minuten
Kochzeit: 20 Minuten
Portionen: 4

Zutaten:

- 1 Pfund Spinat, gehackt
- 1 Tasse Kokoscreme
- 1 Tasse fettarmer Mozzarella, zerkleinert
- Eine Prise schwarzer Pfeffer
- 1 Esslöffel Dill, gehackt

Richtungen:

1. In einer Backform den Spinat mit der Sahne und den anderen Zutaten mischen, gut umrühren, in den Ofen geben und 20 Minuten bei 400 Grad F backen.
2. Auf Schälchen verteilen und servieren.

Ernährung: Kalorien 186, Fett 14,8, Ballaststoffe 4,4, Kohlenhydrate 8,4, Protein 8,8

Salsa aus Oliven und Koriander

Zubereitungszeit: 5 Minuten
Kochzeit: 0 Minuten
Portionen: 4

Zutaten:

- 1 rote Zwiebel, gehackt
- 1 Tasse schwarze Oliven, entsteint und halbiert
- 1 Gurke, gewürfelt
- ¼ Tasse Koriander, gehackt
- Eine Prise schwarzer Pfeffer
- 2 Esslöffel Limettensaft

Richtungen:

1. In einer Schüssel die Oliven mit der Gurke und den restlichen Zutaten vermischen, schwenken und kalt als Snack servieren.

Ernährung: Kalorien 64, Fett 3,7, Ballaststoffe 2,1, Kohlenhydrate 8,4, Protein 1,1

Schnittlauch-Rüben-Dip

Zubereitungszeit: 5 Minuten
Kochzeit: 25 Minuten
Portionen: 4

Zutaten:

- 2 Esslöffel Olivenöl
- 1 rote Zwiebel, gehackt
- 2 Esslöffel Schnittlauch, gehackt
- Eine Prise schwarzer Pfeffer
- 1 Rübe, geschält und gehackt
- 8 Unzen fettarmer Frischkäse
- 1 Tasse Kokoscreme

Richtungen:

1. Eine Pfanne mit dem Öl bei mittlerer Hitze erhitzen, die Zwiebel dazugeben und 5 Minuten anschwitzen.
2. Fügen Sie die restlichen Zutaten hinzu und kochen Sie alles für weitere 20 Minuten unter häufigem Rühren.
3. Die Mischung in einen Mixer geben, gut pürieren, auf Schüsseln verteilen und servieren.

Ernährung: Kalorien 418, Fett 41,2, Ballaststoffe 2,5, Kohlenhydrate 10, Protein 6,4

Gurkensalsa

Zubereitungszeit: 5 Minuten

Kochzeit: 0 Minuten

Portionen: 4

Zutaten:

- 1 Pfund Gurken gewürfelt
- 1 Avocado, geschält, entsteint und gewürfelt
- 1 EL Kapern, abgetropft
- 1 EL Schnittlauch, gehackt
- 1 kleine rote Zwiebel, gewürfelt
- 1 Esslöffel Olivenöl
- 1 Esslöffel Balsamico-Essig

Richtungen:

1. In einer Schüssel die Gurken mit der Avocado und den anderen Zutaten mischen, schwenken, in kleine Tassen verteilen und servieren.

Ernährung: Kalorien 132, Fett 4,4, Ballaststoffe 4, Kohlenhydrate 11,6, Protein 4,5

Kichererbsen-Dip

Zubereitungszeit: 5 Minuten
Kochzeit: 0 Minuten
Portionen: 4

Zutaten:

- 1 Esslöffel Olivenöl
- 1 Esslöffel Zitronensaft
- 1 Esslöffel Sesampaste
- 2 Esslöffel Schnittlauch, gehackt
- 2 Frühlingszwiebeln, gehackt
- 2 Tassen Kichererbsen aus der Dose, ohne Salzzusatz, abgetropft und gespült

Richtungen:

1. Die Kichererbsen mit dem Öl und den anderen Zutaten außer dem Schnittlauch in Ihrem Mixer mischen, gut pürieren, auf Schüsseln verteilen, den Schnittlauch darüber streuen und servieren.

Ernährung: Kalorien 280, Fett 13,3, Ballaststoffe 5,5, Kohlenhydrate 14,8, Protein 6,2

Oliven-Dip

Zubereitungszeit: 4 Minuten
Kochzeit: 0 Minuten
Portionen: 4

Zutaten:

- 2 Tassen schwarze Oliven, entkernt und gehackt
- 1 Tasse Minze, gehackt
- 2 Esslöffel Avocadoöl
- ½ Tasse Kokoscreme
- ¼ Tasse Limettensaft
- Eine Prise schwarzer Pfeffer

Richtungen:

1. Die Oliven mit der Minze und den anderen Zutaten in Ihrem Mixer mischen, gut pürieren, auf Schüsseln verteilen und servieren.

Ernährung: Kalorien 287, Fett 13,3, Ballaststoffe 4,7, Kohlenhydrate 17,4, Protein 2,4

Kokos-Zwiebel-Dip

Zubereitungszeit: 5 Minuten
Kochzeit: 0 Minuten
Portionen: 4

Zutaten:

- 4 Frühlingszwiebeln, gehackt
- 1 Schalotte, gehackt
- 1 Esslöffel Limettensaft
- Eine Prise schwarzer Pfeffer
- 2 Unzen fettarmer Mozzarella-Käse, zerkleinert
- 1 Tasse Kokoscreme
- 1 EL Petersilie, gehackt

Richtungen:

1. Die Frühlingszwiebeln mit der Schalotte und den anderen Zutaten in einem Mixer pürieren, gut pürieren, auf Schälchen verteilen und als Party-Dip servieren.

Ernährung: Kalorien 271, Fett 15,3, Ballaststoffe 5, Kohlenhydrate 15,9, Protein 6,9

Pinienkerne und Kokosnuss-Dip

Zubereitungszeit: 5 Minuten
Kochzeit: 0 Minuten
Portionen: 4

Zutaten:

- 8 Unzen Kokoscreme
- 1 EL Pinienkerne, gehackt
- 2 Esslöffel Petersilie, gehackt
- Eine Prise schwarzer Pfeffer

Richtungen:

1. In einer Schüssel die Sahne mit den Pinienkernen und den restlichen Zutaten verrühren, gut verquirlen, auf Schüsseln verteilen und servieren.

Ernährung: Kalorien 281, Fett 13, Ballaststoffe 4,8, Kohlenhydrate 16, Protein 3,56

Rucola und Gurken Salsa

Zubereitungszeit: 5 Minuten
Kochzeit: 0 Minuten
Portionen: 4

Zutaten:

- 4 Frühlingszwiebeln, gehackt
- 2 Tomaten, gewürfelt
- 4 Gurken, gewürfelt
- 1 Esslöffel Balsamico-Essig
- 1 Tasse Baby-Rucola-Blätter
- 2 Esslöffel Zitronensaft
- 2 Esslöffel Olivenöl
- Eine Prise schwarzer Pfeffer

Richtungen:

1. In einer Schüssel die Frühlingszwiebeln mit den Tomaten und den anderen Zutaten mischen, schwenken, auf kleine Schälchen verteilen und als Snack servieren.

Ernährung: Kalorien 139, Fett 3,8, Ballaststoffe 4,5, Kohlenhydrate 14, Protein 5,4

Käse Dip

Zubereitungszeit: 5 Minuten
Kochzeit: 0 Minuten
Portionen: 6

Zutaten:

- 1 Esslöffel Minze, gehackt
- 1 Esslöffel Oregano, gehackt
- 10 Unzen fettfreier Frischkäse
- ½ Tasse Ingwer, in Scheiben geschnitten
- 2 Esslöffel Kokosaminos

Richtungen:

1. Den Frischkäse mit dem Ingwer und den anderen Zutaten in Ihrem Mixer mischen, gut pürieren, in kleine Tassen teilen und servieren.

Ernährung: Kalorien 388, Fett 15,4, Ballaststoffe 6, Kohlenhydrate 14,3, Protein 6

Paprika-Joghurt-Dip

Zubereitungszeit: 5 Minuten
Kochzeit: 0 Minuten
Portionen: 4

Zutaten:

- 3 Tassen fettarmer Joghurt
- 2 Frühlingszwiebeln, gehackt
- 1 Teelöffel süßer Paprika
- ¼ Tasse Mandeln, gehackt
- ¼ Tasse Dill, gehackt

Richtungen:

1. In einer Schüssel den Joghurt mit den Zwiebeln und den anderen Zutaten vermengen, verquirlen, auf Schüsseln verteilen und servieren.

Ernährung: Kalorien 181, Fett 12,2, Ballaststoffe 6, Kohlenhydrate 14,1, Protein 7

Blumenkohl-Salsa

Zubereitungszeit: 5 Minuten
Kochzeit: 0 Minuten
Portionen: 4

Zutaten:
- 1 Pfund Blumenkohlröschen, blanchiert
- 1 Tasse Kalamata-Oliven, entsteint und halbiert
- 1 Tasse Kirschtomaten, halbiert
- 1 Esslöffel Olivenöl
- 1 Esslöffel Limettensaft
- Eine Prise schwarzer Pfeffer

Richtungen:
1. In einer Schüssel den Blumenkohl mit den Oliven und den anderen Zutaten mischen, schwenken und servieren.

Ernährung: Kalorien 139, Fett 4, Ballaststoffe 3,6, Kohlenhydrate 5,5, Protein 3,4

Garnelenaufstrich

Zubereitungszeit: 5 Minuten
Kochzeit: 0 Minuten
Portionen: 4

Zutaten:

- 8 Unzen Kokoscreme
- 1 Pfund Garnelen, gekocht, geschält, entdarmt und gehackt
- 2 Esslöffel Dill, gehackt
- 2 Frühlingszwiebeln, gehackt
- 1 Esslöffel Koriander, gehackt
- Eine Prise schwarzer Pfeffer

Richtungen:

1. In einer Schüssel die Garnelen mit der Sahne und den anderen Zutaten vermengen, verquirlen und als Partyaufstrich servieren.

Ernährung: Kalorien 362, Fett 14,3, Ballaststoffe 6, Kohlenhydrate 14,6, Protein 5,9

Pfirsich-Salsa

Zubereitungszeit: 4 Minuten
Kochzeit: 0 Minuten
Portionen: 4

Zutaten:
- 4 Pfirsiche, entkernt und gewürfelt
- 1 Tasse Kalamata-Oliven, entsteint und halbiert
- 1 Avocado, entkernt, geschält und gewürfelt
- 1 Tasse Kirschtomaten, halbiert
- 1 Esslöffel Olivenöl
- 1 Esslöffel Limettensaft
- 1 Esslöffel Koriander, gehackt

Richtungen:
1. In einer Schüssel die Pfirsiche mit den Oliven und den anderen Zutaten vermengen, gut durchschwenken und kalt servieren.

Ernährung: Kalorien 200, Fett 7,5, Ballaststoffe 5, Kohlenhydrate 13,3, Protein 4,9

Karotten-Chips

Zubereitungszeit: 10 Minuten
Kochzeit: 20 Minuten
Portionen: 4

Zutaten:

- 4 Karotten, in dünne Scheiben geschnitten
- 2 Esslöffel Olivenöl
- Eine Prise schwarzer Pfeffer
- 1 Teelöffel süßer Paprika
- ½ Teelöffel Kurkumapulver
- Eine Prise rote Paprikaflocken

Richtungen:

1. In einer Schüssel die Karottenchips mit dem Öl und den anderen Zutaten vermengen und vermengen.
2. Verteilen Sie die Chips auf einem mit Backpapier ausgelegten Backblech, backen Sie sie 25 Minuten lang bei 400 Grad F, teilen Sie sie in Schalen auf und servieren Sie sie als Snack.

Ernährung: Kalorien 180, Fett 3, Ballaststoffe 3,3, Kohlenhydrate 5,8, Protein 1,3

Spargel-Häppchen

Zubereitungszeit: 4 Minuten
Kochzeit: 20 Minuten
Portionen: 4

Zutaten:

- 2 Esslöffel Kokosöl, geschmolzen
- 1 Pfund Spargel, getrimmt und halbiert
- 1 Teelöffel Knoblauchpulver
- 1 Teelöffel Rosmarin, getrocknet
- 1 Teelöffel Chilipulver

Richtungen:

1. Den Spargel in einer Schüssel mit dem Öl und den anderen Zutaten mischen, schwenken, auf einem mit Backpapier ausgelegten Backblech verteilen und 20 Minuten bei 200 Grad F backen.
2. Auf Schälchen verteilen und kalt als Snack servieren.

Ernährung: Kalorien 170, Fett 4,3, Ballaststoffe 4, Kohlenhydrate 7, Protein 4,5

Gebackene Feigenschalen

Zubereitungszeit: 4 Minuten
Kochzeit: 12 Minuten
Portionen: 4

Zutaten:

- 8 Feigen, halbiert
- 1 Esslöffel Avocadoöl
- 1 Teelöffel Muskatnuss, gemahlen

Richtungen:

1. In einer Bratpfanne die Feigen mit dem Öl und der Muskatnuss mischen, schwenken und 12 Minuten bei 400 Grad F backen.
2. Die Feigen in kleine Schälchen verteilen und als Snack servieren.

Ernährung: Kalorien 180, Fett 4,3, Ballaststoffe 2, Kohlenhydrate 2, Protein 3,2

Kohl- und Garnelen-Salsa

Zubereitungszeit: 5 Minuten
Kochzeit: 6 Minuten
Portionen: 4

Zutaten:

- 2 Tassen Rotkohl, geraspelt
- 1 Pfund Garnelen, geschält und entdarmt
- 1 Esslöffel Olivenöl
- Eine Prise schwarzer Pfeffer
- 2 Frühlingszwiebeln, gehackt
- 1 Tasse Tomaten, gewürfelt
- ½ Teelöffel Knoblauchpulver

Richtungen:

1. Eine Pfanne mit dem Öl bei mittlerer Hitze erhitzen, die Garnelen dazugeben, schwenken und 3 Minuten auf jeder Seite braten.
2. In einer Schüssel den Kohl mit den Garnelen und den anderen Zutaten mischen, schwenken, auf kleine Schalen verteilen und servieren.

Ernährung: Kalorien 225, Fett 9,7, Ballaststoffe 5,1, Kohlenhydrate 11,4, Protein 4,5

Avocadoschnitze

Zubereitungszeit: 5 Minuten
Kochzeit: 10 Minuten
Portionen: 4

Zutaten:

- 2 Avocados, geschält, entsteint und in Keile geschnitten
- 1 Esslöffel Avocadoöl
- 1 Esslöffel Limettensaft
- 1 Teelöffel Koriander, gemahlen

Richtungen:

1. Verteilen Sie die Avocadospalten auf einem mit Backpapier ausgelegten Backblech, fügen Sie das Öl und die anderen Zutaten hinzu, schwenken Sie sie und backen Sie sie 10 Minuten lang bei 300 Grad F.
2. Auf Tassen verteilen und als Snack servieren.

Ernährung: Kalorien 212, Fett 20,1, Ballaststoffe 6,9, Kohlenhydrate 9,8, Protein 2

Zitronen-Dip

Zubereitungszeit: 4 Minuten
Kochzeit: 0 Minuten
Portionen: 4

Zutaten:

- 1 Tasse fettarmer Frischkäse
- Schwarzer Pfeffer nach Geschmack
- ½ Tasse Zitronensaft
- 1 Esslöffel Koriander, gehackt
- 3 Knoblauchzehen, gehackt

Richtungen:

1. Den Frischkäse mit dem Zitronensaft und den anderen Zutaten in der Küchenmaschine mischen, gut pulsieren, auf Schüsseln verteilen und servieren.

Ernährung: Kalorien 213, Fett 20,5, Ballaststoffe 0,2, Kohlenhydrate 2,8, Protein 4,8

Süßkartoffel-Dip

Zubereitungszeit: 10 Minuten
Kochzeit: 40 Minuten
Portionen: 4

Zutaten:

- 1 Tasse Süßkartoffeln, geschält und gewürfelt
- 1 Esslöffel natriumarme Gemüsebrühe
- Kochspray
- 2 Esslöffel Kokoscreme
- 2 Teelöffel Rosmarin, getrocknet
- Schwarzer Pfeffer nach Geschmack

Richtungen:

1. In einer Backform die Kartoffeln mit der Brühe und den anderen Zutaten mischen, umrühren, bei 365 Grad F 40 Minuten lang backen, in Ihren Mixer geben, gut pürieren, in kleine Schüsseln verteilen und servieren

Ernährung: Kalorien 65, Fett 2,1, Ballaststoffe 2, Kohlenhydrate 11,3, Protein 0,8

Bohnen-Salsa

Zubereitungszeit: 5 Minuten
Kochzeit: 0 Minuten
Portionen: 4

Zutaten:

- 1 Tasse schwarze Bohnen aus der Dose, ohne Salzzusatz, abgetropft
- 1 Tasse rote Kidneybohnen aus der Dose, ohne Salzzusatz, abgetropft
- 1 Teelöffel Balsamico-Essig
- 1 Tasse Kirschtomaten, gewürfelt
- 1 Esslöffel Olivenöl
- 2 Schalotten, gehackt

Richtungen:

1. In einer Schüssel die Bohnen mit dem Essig und den anderen Zutaten vermengen, schwenken und als Partysnack servieren.

Ernährung: Kalorien 362, Fett 4,8, Ballaststoffe 14,9, Kohlenhydrate 61, Protein 21,4

Grüne Bohnen-Salsa

Zubereitungszeit: 10 Minuten
Kochzeit: 10 Minuten
Portionen: 4

Zutaten:

- 1 Pfund grüne Bohnen, getrimmt und halbiert
- 1 Esslöffel Olivenöl
- 2 Teelöffel Kapern, abgetropft
- 6 Unzen grüne Oliven, entsteint und in Scheiben geschnitten
- 4 Knoblauchzehen, gehackt
- 1 Esslöffel Limettensaft
- 1 Esslöffel Oregano, gehackt
- Schwarzer Pfeffer nach Geschmack

Richtungen:

1. Eine Pfanne mit dem Öl bei mittlerer Hitze erhitzen, den Knoblauch und die grünen Bohnen hinzufügen, umrühren und 3 Minuten kochen lassen.
2. Die restlichen Zutaten hinzufügen, umrühren, weitere 7 Minuten kochen, in kleine Tassen verteilen und kalt servieren.

Ernährung: Kalorien 111, Fett 6,7, Ballaststoffe 5,6, Kohlenhydrate 13,2, Protein 2,9

Karottenaufstrich

Zubereitungszeit: 10 Minuten
Kochzeit: 30 Minuten
Portionen: 4

Zutaten:

- 1 Pfund Karotten, geschält und gehackt
- ½ Tasse Walnüsse, gehackt
- 2 Tassen natriumarme Gemüsebrühe
- 1 Tasse Kokoscreme
- 1 Esslöffel Rosmarin, gehackt
- 1 Teelöffel Knoblauchpulver
- ¼ Teelöffel geräuchertes Paprikapulver

Richtungen:

1. In einem kleinen Topf die Karotten mit der Brühe, den Walnüssen und den anderen Zutaten außer der Sahne und dem Rosmarin mischen, umrühren, bei mittlerer Hitze zum Kochen bringen, 30 Minuten kochen, abgießen und in einen Mixer geben.
2. Sahne zugeben, gut pürieren, auf Schälchen verteilen, Rosmarin darüber streuen und servieren.

Ernährung: Kalorien 201, Fett 8,7, Ballaststoffe 3,4, Kohlenhydrate 7,8, Protein 7,7

Tomaten-Dip

Zubereitungszeit: 10 Minuten
Kochzeit: 10 Minuten
Portionen: 4

Zutaten:

- 1 Pfund Tomaten, geschält und gehackt
- ½ Tasse Knoblauch, gehackt
- 2 Esslöffel Olivenöl
- Eine Prise schwarzer Pfeffer
- 2 Schalotten, gehackt
- 1 Teelöffel Thymian, getrocknet

Richtungen:

1. Eine Pfanne mit dem Öl bei mittlerer Hitze erhitzen, den Knoblauch und die Schalotten dazugeben, umrühren und 2 Minuten anbraten.
2. Die Tomaten und die anderen Zutaten hinzufügen, weitere 8 Minuten kochen und in einen Mixer geben.
3. Gut pulsieren, in kleine Tassen teilen und als Snack servieren.

Ernährung: Kalorien 232, Fett 11,3, Ballaststoffe 3,9, Kohlenhydrate 7,9, Protein 4,5

Lachsschalen

Zubereitungszeit: 10 Minuten
Kochzeit: 0 Minuten
Portionen: 6

Zutaten:

- 1 Esslöffel Avocadoöl
- 1 Esslöffel Balsamico-Essig
- ½ Teelöffel Oregano, getrocknet
- 1 Tasse geräucherter Lachs, ohne Salzzusatz, ohne Knochen, ohne Haut und gewürfelt
- 1 Tasse Salsa
- 4 Tassen Babyspinat

Richtungen:

1. In einer Schüssel den Lachs mit der Salsa und den anderen Zutaten mischen, schwenken, in kleine Tassen verteilen und servieren.

Ernährung: Kalorien 281, Fett 14,4, Ballaststoffe 7,4, Kohlenhydrate 18,7, Protein 7,4

Tomaten- und Mais-Salsa

Zubereitungszeit: 4 Minuten
Kochzeit: 0 Minuten
Portionen: 4

Zutaten:

- 3 Tassen Mais
- 2 Tassen Tomaten, gewürfelt
- 2 Frühlingszwiebeln, gehackt
- 2 Esslöffel Olivenöl
- 1 rote Chilischote, gehackt
- ½ Esslöffel Schnittlauch, gehackt

Richtungen:

1. In einer Salatschüssel die Tomaten mit dem Mais und den anderen Zutaten vermischen, schwenken und kalt als Snack servieren.

Ernährung: Kalorien 178, Fett 8,6, Ballaststoffe 4,5, Kohlenhydrate 25,9, Protein 4,7

Gebackene Pilze

Zubereitungszeit: 10 Minuten
Kochzeit: 25 Minuten
Portionen: 4

Zutaten:
- 1 Pfund kleine Pilzkappen
- 2 Esslöffel Olivenöl
- 1 EL Schnittlauch, gehackt
- 1 Esslöffel Rosmarin, gehackt
- Schwarzer Pfeffer nach Geschmack

Richtungen:
1. Die Pilze in eine Bratpfanne geben, das Öl und die restlichen Zutaten hinzufügen, schwenken, bei 400 Grad F 25 Minuten lang backen, auf Schalen verteilen und als Snack servieren.

Ernährung: Kalorien 215, Fett 12,3, Ballaststoffe 6,7, Kohlenhydrate 15,3, Protein 3,5

Bohnen verbreiten

Zubereitungszeit: 5 Minuten
Kochzeit: 0 Minuten
Portionen: 4

Zutaten:
- ½ Tasse Kokoscreme
- 1 Esslöffel Olivenöl
- 2 Tassen schwarze Bohnen aus der Dose, ohne Salzzusatz, abgetropft und gespült
- 2 Esslöffel Frühlingszwiebeln, gehackt

Richtungen:
1. Die Bohnen mit der Sahne und den anderen Zutaten in einem Mixer mischen, gut pürieren, auf Schüsseln verteilen und servieren.

Ernährung: Kalorien 311, Fett 13,5, Ballaststoffe 6, Kohlenhydrate 18,0, Protein 8

Koriander-Fenchel-Salsa

Zubereitungszeit: 5 Minuten
Kochzeit: 0 Minuten
Portionen: 4

Zutaten:

- 2 Frühlingszwiebeln, gehackt
- 2 Fenchelknollen, geraspelt
- 1 grüne Chilischote, gehackt
- 1 Tomate, gehackt
- 1 Teelöffel Kurkumapulver
- 1 Teelöffel Limettensaft
- 2 Esslöffel Koriander, gehackt
- Schwarzer Pfeffer nach Geschmack

Richtungen:

1. In einer Salatschüssel den Fenchel mit den Zwiebeln und den anderen Zutaten mischen, schwenken, auf Tassen verteilen und servieren.

Ernährung: Kalorien 310, Fett 11,5, Ballaststoffe 5,1, Kohlenhydrate 22,3, Protein 6,5

Rosenkohl-Häppchen

Zubereitungszeit: 10 Minuten
Kochzeit: 25 Minuten
Portionen: 4

Zutaten:

- 1 Pfund Rosenkohl, getrimmt und halbiert
- 2 Esslöffel Olivenöl
- 1 Esslöffel Kreuzkümmel, gemahlen
- 1 Tasse Dill, gehackt
- 2 Knoblauchzehen, gehackt

Richtungen:

1. In einer Bratpfanne den Rosenkohl mit dem Öl und den anderen Zutaten mischen, schwenken und 25 Minuten bei 390 Grad F backen.
2. Sprossen auf Schälchen verteilen und als Snack servieren.

Ernährung: Kalorien 270, Fett 10,3, Ballaststoffe 5,2, Kohlenhydrate 11,1, Protein 6

Balsamico-Walnuss-Häppchen

Zubereitungszeit: 10 Minuten
Kochzeit: 15 Minuten
Portionen: 4

Zutaten:

- 2 Tassen Walnüsse
- 3 Esslöffel roter Essig
- Ein Spritzer Olivenöl
- Eine Prise Cayennepfeffer
- Eine Prise rote Paprikaflocken
- Schwarzer Pfeffer nach Geschmack

Richtungen:

1. Verteilen Sie die Walnüsse auf einem mit Backpapier ausgelegten Backblech, fügen Sie den Essig und die anderen Zutaten hinzu, schwenken Sie sie und rösten Sie sie 15 Minuten lang bei 200 Grad Fahrenheit.
2. Die Walnüsse auf Schalen verteilen und servieren.

Ernährung: Kalorien 280, Fett 12,2, Ballaststoffe 2, Kohlenhydrate 15,8, Protein 6

Radieschenchips

Zubereitungszeit: 10 Minuten
Kochzeit: 20 Minuten
Portionen: 4

Zutaten:
- 1 Pfund Radieschen, in dünne Scheiben geschnitten
- Eine Prise Kurkumapulver
- Schwarzer Pfeffer nach Geschmack
- 2 Esslöffel Olivenöl

Richtungen:
1. Die Radieschenchips auf einem mit Backpapier ausgelegten Backblech verteilen, das Öl und die anderen Zutaten hinzufügen, schwenken und 20 Minuten lang bei 200 Grad F backen.
2. Die Chips auf Schalen verteilen und servieren.

Ernährung: Kalorien 120, Fett 8,3, Ballaststoffe 1, Kohlenhydrate 3,8, Protein 6

Lauch und Garnelensalat

Zubereitungszeit: 4 Minuten
Kochzeit: 0 Minuten
Portionen: 4

Zutaten:

- 2 Lauch, in Scheiben geschnitten
- 1 Tasse Koriander, gehackt
- 1 Pfund Garnelen, geschält, entdarmt und gekocht
- Saft von 1 Limette
- 1 Esslöffel Limettenschale, gerieben
- 1 Tasse Kirschtomaten, halbiert
- 2 Esslöffel Olivenöl
- Salz und schwarzer Pfeffer nach Geschmack

Richtungen:

1. In einer Salatschüssel die Garnelen mit dem Lauch und den anderen Zutaten mischen, schwenken, in kleine Tassen verteilen und servieren.

Ernährung: Kalorien 280, Fett 9,1, Ballaststoffe 5,2, Kohlenhydrate 12,6, Protein 5

Lauch Dip

Zubereitungszeit: 5 Minuten
Kochzeit: 0 Minuten
Portionen: 4

Zutaten:

- 1 Esslöffel Zitronensaft
- ½ Tasse fettarmer Frischkäse
- 2 Esslöffel Olivenöl
- Schwarzer Pfeffer nach Geschmack
- 4 Lauch, gehackt
- 1 Esslöffel Koriander, gehackt

Richtungen:

1. Den Frischkäse mit dem Lauch und den anderen Zutaten in einem Mixer verrühren, gut pürieren, auf Schälchen verteilen und als Party-Dip servieren.

Ernährung: Kalorien 300, Fett 12,2, Ballaststoffe 7,6, Kohlenhydrate 14,7, Protein 5,6

Paprika-Kraut

Zubereitungszeit: 5 Minuten
Kochzeit: 0 Minuten
Portionen: 4

Zutaten:

- ½ Pfund rote Paprika, in dünne Streifen geschnitten
- 3 Frühlingszwiebeln, gehackt
- 1 Esslöffel Olivenöl
- 2 Teelöffel Ingwer, gerieben
- ½ Teelöffel Rosmarin, getrocknet
- 3 Esslöffel Balsamico-Essig

Richtungen:

1. In einer Salatschüssel die Paprika mit den Zwiebeln und den anderen Zutaten mischen, schwenken, in kleine Tassen verteilen und servieren.

Ernährung: Kalorien 160, Fett 6, Ballaststoffe 3, Kohlenhydrate 10,9, Protein 5,2

Avocado-Aufstrich

Zubereitungszeit: 4 Minuten
Kochzeit: 0 Minuten
Portionen: 4

Zutaten:

- 2 Esslöffel Dill, gehackt
- 1 Schalotte, gehackt
- 2 Knoblauchzehen, gehackt
- 2 Avocados, geschält, entsteint und gehackt
- 1 Tasse Kokoscreme
- 2 Esslöffel Olivenöl
- 2 Esslöffel Limettensaft
- Schwarzer Pfeffer nach Geschmack

Richtungen:

1. Die Avocados mit den Schalotten, dem Knoblauch und den anderen Zutaten in einem Mixer pürieren, gut pürieren, auf kleine Schälchen verteilen und als Snack servieren.

Ernährung: Kalorien 300, Fett 22,3, Ballaststoffe 6,4, Kohlenhydrate 42, Protein 8,9

Corn Dip

Zubereitungszeit: 30 Minuten
Kochzeit: 0 Minuten
Portionen: 4

Zutaten:

- Eine Prise Cayennepfeffer
- Eine Prise schwarzer Pfeffer
- 2 Tassen Mais
- 1 Tasse Kokoscreme
- 2 Esslöffel Zitronensaft
- 2 Esslöffel Avocadoöl

Richtungen:

1. Den Mais mit der Sahne und den anderen Zutaten in einem Mixer mischen, gut pürieren, auf Schüsseln verteilen und als Party-Dip servieren.

Ernährung: Kalorien 215, Fett 16,2, Ballaststoffe 3,8, Kohlenhydrate 18,4, Protein 4

Bohnenstangen

Vorbereitungszeit: 2 Stunden
Kochzeit: 0 Minuten
Portionen: 12

Zutaten:

- 1 Tasse schwarze Bohnen aus der Dose, ohne Salzzusatz, abgetropft
- 1 Tasse Kokosflocken, ungesüßt
- 1 Tasse fettarme Butter
- ½ Tasse Chiasamen
- ½ Tasse Kokoscreme

Richtungen:

1. Die Bohnen mit den Kokosflocken und den anderen Zutaten in einem Mixer mischen, gut pürieren, in einer quadratischen Pfanne verteilen, pressen, 2 Stunden im Kühlschrank aufbewahren, in mittelgroße Riegel schneiden und servieren.

Ernährung: Kalorien 141, Fett 7, Ballaststoffe 5, Kohlenhydrate 16,2, Protein 5

Mix aus Kürbiskernen und Apfelchips

Zubereitungszeit: 10 Minuten
Kochzeit: 2 Stunden
Portionen: 4

Zutaten:
- Kochspray
- 2 Teelöffel Muskatnuss, gemahlen
- 1 Tasse Kürbiskerne
- 2 Äpfel, entkernt und in dünne Scheiben geschnitten

Richtungen:
1. Die Kürbiskerne und die Apfelchips auf einem mit Backpapier ausgelegten Backblech verteilen, mit Muskatnuss bestreuen, mit dem Spray einfetten, in den Ofen schieben und bei 300 Grad F für 2 Stunden backen.
2. Auf Schälchen verteilen und als Snack servieren.

Ernährung: Kalorien 80, Fett 0, Ballaststoffe 3, Kohlenhydrate 7, Protein 4

Tomaten-Joghurt-Dip

Zubereitungszeit: 5 Minuten
Kochzeit: 0 Minuten
Portionen: 4

Zutaten:

- 2 Tassen fettfreier griechischer Joghurt
- 1 EL Petersilie, gehackt
- ¼ Tasse Dosentomaten, ohne Salzzusatz, gehackt
- 2 Esslöffel Schnittlauch, gehackt
- Schwarzer Pfeffer nach Geschmack

Richtungen:

1. In einer Schüssel den Joghurt mit der Petersilie und den anderen Zutaten mischen, gut verquirlen, auf kleine Schälchen verteilen und als Partydip servieren.

Ernährung: Kalorien 78, Fett 0, Ballaststoffe 0,2, Kohlenhydrate 10,6, Protein 8,2

Cayenne-Bete-Schüsseln

Zubereitungszeit: 10 Minuten
Kochzeit: 35 Minuten
Portionen: 2

Zutaten:

- 1 Teelöffel Cayennepfeffer
- 2 Rüben, geschält und gewürfelt
- 1 Teelöffel Rosmarin, getrocknet
- 1 Esslöffel Olivenöl
- 2 Teelöffel Limettensaft

Richtungen:

1. In einer Bratpfanne die Rübenstücke mit dem Cayennepfeffer und den anderen Zutaten mischen, schwenken, in den Ofen geben, bei 355 Grad F 35 Minuten lang braten, in kleine Schüsseln verteilen und als Snack servieren.

Ernährung: Kalorien 170, Fett 12,2, Ballaststoffe 7, Kohlenhydrate 15,1, Protein 6

Schalen mit Walnüssen und Pekannüssen

Zubereitungszeit: 10 Minuten
Kochzeit: 10 Minuten
Portionen: 4

Zutaten:

- 2 Tasse Walnüsse
- 1 Tasse Pekannüsse, gehackt
- 1 Teelöffel Avocadoöl
- ½ Teelöffel süßer Paprika

Richtungen:

1. Verteilen Sie die Trauben und Pekannüsse auf einem ausgekleideten Backblech, fügen Sie das Öl und das Paprikapulver hinzu, schwenken Sie es und backen Sie es 10 Minuten lang bei 400 Grad F.
2. Auf Schälchen verteilen und als Snack servieren.

Ernährung: Kalorien 220, Fett 12,4, Ballaststoffe 3, Kohlenhydrate 12,9, Protein 5,6

Petersilien-Lachs-Muffins

Zubereitungszeit: 10 Minuten
Kochzeit: 25 Minuten
Portionen: 4

Zutaten:

- 1 Tasse fettarmer Mozzarella-Käse, gerieben
- 8 Unzen geräucherter Lachs, ohne Haut, ohne Knochen und gehackt
- 1 Tasse Mandelmehl
- 1 Ei, verquirlt
- 1 Teelöffel Petersilie, getrocknet
- 1 Knoblauchzehe, gehackt
- Schwarzer Pfeffer nach Geschmack
- Kochspray

Richtungen:

1. In einer Schüssel den Lachs mit dem Mozzarella und den anderen Zutaten außer dem Kochspray vermengen und gut verrühren.
2. Teilen Sie diese Mischung in ein mit Kochspray eingefettetes Muffinblech, backen Sie es 25 Minuten lang bei 375 Grad F im Ofen und servieren Sie es als Snack.

Ernährung: Kalorien 273, Fett 17, Ballaststoffe 3,5, Kohlenhydrate 6,9, Protein 21,8

Squash-Bälle

Zubereitungszeit: 10 Minuten
Kochzeit: 20 Minuten
Portionen: 8

Zutaten:

- Ein Spritzer Olivenöl
- 1 großer Butternut-Kürbis, geschält und gehackt
- 2 Esslöffel Koriander, gehackt
- 2 Eier, verquirlt
- ½ Tasse Vollkornmehl
- Schwarzer Pfeffer nach Geschmack
- 2 Schalotten, gehackt
- 2 Knoblauchzehen, gehackt

Richtungen:

1. In einer Schüssel den Kürbis mit dem Koriander und den anderen Zutaten außer dem Öl mischen, gut umrühren und daraus mittelgroße Kugeln formen.
2. Legen Sie sie auf ein mit Backpapier ausgelegtes Backblech, fetten Sie sie mit dem Öl ein, backen Sie sie bei 400 Grad F für 10 Minuten auf jeder Seite, teilen Sie sie in Schalen und servieren Sie sie.

Ernährung: Kalorien 78, Fett 3, Ballaststoffe 0,9, Kohlenhydrate 10,8, Protein 2,7

Käsige Perlzwiebelschalen

Zubereitungszeit: 10 Minuten
Kochzeit: 30 Minuten
Portionen: 8

Zutaten:
- 20 weiße Perlzwiebeln, geschält
- 3 EL Petersilie, gehackt
- 1 EL Schnittlauch, gehackt
- Schwarzer Pfeffer nach Geschmack
- 1 Tasse fettarmer Mozzarella, gerieben
- 1 Esslöffel Olivenöl

Richtungen:
1. Die Perlzwiebeln auf einem mit Backpapier ausgelegten Backblech verteilen, das Öl, die Petersilie, den Schnittlauch und den schwarzen Pfeffer hinzufügen und schwenken.
2. Streuen Sie den Mozzarella darüber, backen Sie ihn 30 Minuten lang bei 390 Grad F, teilen Sie ihn in Schalen auf und servieren Sie ihn kalt als Snack.

Ernährung: Kalorien 136, Fett 2,7, Ballaststoffe 6, Kohlenhydrate 25,9, Protein 4,1

Brokkoliriegel

Zubereitungszeit: 10 Minuten
Kochzeit: 25 Minuten
Portionen: 8

Zutaten:

- 1 Pfund Brokkoliröschen, gehackt
- ½ Tasse fettarmer Mozzarella-Käse, zerkleinert
- 2 Eier, verquirlt
- 1 Teelöffel Oregano, getrocknet
- 1 Teelöffel Basilikum, getrocknet
- Schwarzer Pfeffer nach Geschmack

Richtungen:

1. In einer Schüssel den Brokkoli mit dem Käse und den anderen Zutaten mischen, gut umrühren, in einer rechteckigen Pfanne verteilen und auf dem Boden gut andrücken.
2. Bei 380 Grad F in den Ofen geben, 25 Minuten backen, in Riegel schneiden und kalt servieren.

Ernährung: Kalorien 46, Fett 1,3, Ballaststoffe 1,8, Kohlenhydrate 4,2, Protein 5

Ananas- und Tomatensalsa

Zubereitungszeit: 10 Minuten
Kochzeit: 40 Minuten
Portionen: 4

Zutaten:

- 20 Unzen Dosenananas, abgetropft und gewürfelt
- 1 Tasse sonnengetrocknete Tomaten, gewürfelt
- 1 EL Basilikum, gehackt
- 1 Esslöffel Avocadoöl
- 1 Teelöffel Limettensaft
- 1 Tasse schwarze Oliven, entkernt und in Scheiben geschnitten
- Schwarzer Pfeffer nach Geschmack

Richtungen:

1. In einer Schüssel die Ananaswürfel mit den Tomaten und den anderen Zutaten mischen, schwenken, in kleinere Tassen teilen und als Snack servieren.

Ernährung: Kalorien 125, Fett 4,3, Ballaststoffe 3,8, Kohlenhydrate 23,6, Protein 1,5

Mischung aus Truthahn und Artischocken

Zubereitungszeit: 5 Minuten
Kochzeit: 25 Minuten
Portionen: 4

Zutaten:

- 2 Esslöffel Olivenöl
- 1 Putenbrust, ohne Haut, ohne Knochen und in Scheiben geschnitten
- Eine Prise schwarzer Pfeffer
- 1 EL Basilikum, gehackt
- 3 Knoblauchzehen, gehackt
- 14 Unzen Artischocken in Dosen, ohne Salzzusatz, gehackt
- 1 Tasse Kokoscreme
- ¾ Tasse fettarmer Mozzarella, zerkleinert

Richtungen:

1. Eine Pfanne mit dem Öl bei mittlerer Hitze erhitzen, das Fleisch, den Knoblauch und den schwarzen Pfeffer hinzufügen, umrühren und 5 Minuten kochen lassen.
2. Die restlichen Zutaten außer dem Käse hinzufügen, umrühren und bei mittlerer Hitze 15 Minuten kochen.
3. Käse darüberstreuen, alles weitere 5 Minuten garen, auf Teller verteilen und servieren.

Ernährung: Kalorien 300, Fett 22,2, Ballaststoffe 7,2, Kohlenhydrate 16,5, Protein 13,6

Oregano-Truthahn-Mischung

Zubereitungszeit: 10 Minuten
Kochzeit: 30 Minuten
Portionen: 4

Zutaten:

- 2 Esslöffel Avocadoöl
- 1 rote Zwiebel, gehackt
- 2 Knoblauchzehen, gehackt
- Eine Prise schwarzer Pfeffer
- 1 Esslöffel Oregano, gehackt
- 1 große Putenbrust, ohne Haut, ohne Knochen und gewürfelt
- 1 ½ Tassen natriumarme Rinderbrühe
- 1 EL Schnittlauch, gehackt

Richtungen:

1. Eine Pfanne mit dem Öl bei mittlerer Hitze erhitzen, die Zwiebel dazugeben, umrühren und 3 Minuten anbraten.
2. Den Knoblauch und das Fleisch hinzugeben, umrühren und weitere 3 Minuten braten.
3. Restliche Zutaten dazugeben, durchschwenken, alles bei mittlerer Hitze 25 Minuten köcheln lassen, auf Teller verteilen und servieren.

Ernährung: Kalorien 76, Fett 2,1, Ballaststoffe 1,7, Kohlenhydrate 6,4, Protein 8,3

Orangefarbenes Huhn

Zubereitungszeit: 10 Minuten
Kochzeit: 35 Minuten
Portionen: 4

Zutaten:

- 1 Esslöffel Avocadoöl
- 1 Pfund Hähnchenbrust, ohne Haut, ohne Knochen und halbiert
- 2 Knoblauchzehen, gehackt
- 2 Schalotten, gehackt
- ½ Tasse Orangensaft
- 1 Esslöffel Orangenschale, gerieben
- 3 Esslöffel Balsamico-Essig
- 1 Teelöffel Rosmarin, gehackt

Richtungen:

1. Eine Pfanne mit dem Öl bei mittlerer Hitze erhitzen, die Schalotten und den Knoblauch dazugeben, schwenken und 2 Minuten dünsten.
2. Das Fleisch hinzugeben, vorsichtig schwenken und weitere 3 Minuten garen.
3. Fügen Sie die restlichen Zutaten hinzu, schwenken Sie, stellen Sie die Pfanne in den Ofen und backen Sie sie 30 Minuten lang bei 340 Grad F.
4. Auf Teller verteilen und servieren.

Ernährung: Kalorien 159, Fett 3,4, Ballaststoffe 0,5, Kohlenhydrate 5,4, Protein 24,6

Knoblauch Truthahn und Pilze

Zubereitungszeit: 10 Minuten
Kochzeit: 40 Minuten
Portionen: 4

Zutaten:

- 1 Putenbrust, ohne Knochen, ohne Haut und gewürfelt
- ½ Pfund weiße Champignons, halbiert
- 1/3 Tasse Kokosaminos
- 2 Knoblauchzehen, gehackt
- 2 Esslöffel Olivenöl
- Eine Prise schwarzer Pfeffer
- 2 Frühlingszwiebeln, gehackt
- 3 Esslöffel Knoblauchsauce
- 1 Esslöffel Rosmarin, gehackt

Richtungen:

1. Eine Pfanne mit dem Öl bei mittlerer Hitze erhitzen, die Frühlingszwiebeln, die Knoblauchsauce und den Knoblauch dazugeben und 5 Minuten anbraten.
2. Fügen Sie das Fleisch hinzu und braten Sie es weitere 5 Minuten an.
3. Fügen Sie die restlichen Zutaten hinzu, stellen Sie sie in den Ofen und backen Sie sie 30 Minuten lang bei 390 Grad F.
4. Die Mischung auf Teller verteilen und servieren.

Ernährung: Kalorien 154, Fett 8,1, Ballaststoffe 1,5, Kohlenhydrate 11,5, Protein 9,8

Hähnchen- und Olivenpfanne

Zubereitungszeit: 10 Minuten
Kochzeit: 25 Minuten
Portionen: 4

Zutaten:

- 1 Pfund Hähnchenbrust, ohne Haut, ohne Knochen und grob gewürfelt
- Eine Prise schwarzer Pfeffer
- 1 Esslöffel Avocadoöl
- 1 rote Zwiebel, gehackt
- 1 Tasse Kokosmilch
- 1 Esslöffel Zitronensaft
- 1 Tasse Kalamata-Oliven, entkernt und in Scheiben geschnitten
- ¼ Tasse Koriander, gehackt

Richtungen:

1. Eine Pfanne mit dem Öl bei mittlerer Hitze erhitzen, die Zwiebel und das Fleisch dazugeben und 5 Minuten anbraten.
2. Die restlichen Zutaten hinzufügen, umrühren, zum Köcheln bringen und weitere 20 Minuten bei mittlerer Hitze kochen.
3. Auf Teller verteilen und servieren.

Ernährung: Kalorien 409, Fett 26,8, Ballaststoffe 3,2, Kohlenhydrate 8,3, Protein 34,9

Balsamico-Truthahn-Pfirsich-Mischung

Zubereitungszeit: 10 Minuten
Kochzeit: 25 Minuten
Portionen: 4

Zutaten:

- 1 Esslöffel Avocadoöl
- 1 Putenbrust, ohne Haut, ohne Knochen und in Scheiben geschnitten
- Eine Prise schwarzer Pfeffer
- 1 gelbe Zwiebel, gehackt
- 4 Pfirsiche, entkernt und in Spalten geschnitten
- ¼ Tasse Balsamico-Essig
- 2 Esslöffel Schnittlauch, gehackt

Richtungen:

1. Eine Pfanne mit dem Öl bei mittlerer Hitze erhitzen, das Fleisch und die Zwiebel dazugeben, schwenken und 5 Minuten anbraten.
2. Fügen Sie die restlichen Zutaten außer dem Schnittlauch hinzu, werfen Sie sie vorsichtig und backen Sie sie 20 Minuten lang bei 390 Grad F.
3. Alles auf Teller verteilen und mit dem Schnittlauch bestreut servieren.

Ernährung: Kalorien 123, Fett 1,6, Ballaststoffe 3,3, Kohlenhydrate 18,8, Protein 9,1

Kokos-Huhn und Spinat

Zubereitungszeit: 10 Minuten
Kochzeit: 25 Minuten
Portionen: 4

Zutaten:

- 1 Esslöffel Avocadoöl
- 1 Pfund Hähnchenbrust, ohne Haut, ohne Knochen und gewürfelt
- ½ Teelöffel Basilikum, getrocknet
- Eine Prise schwarzer Pfeffer
- ¼ Tasse natriumarme Gemüsebrühe
- 2 Tassen Babyspinat
- 2 Schalotten, gehackt
- 2 Knoblauchzehen, gehackt
- ½ Teelöffel süßer Paprika
- 2/3 Tasse Kokoscreme
- 2 Esslöffel Koriander, gehackt

Richtungen:

1. Eine Pfanne mit dem Öl bei mittlerer Hitze erhitzen, Fleisch, Basilikum, schwarzen Pfeffer hinzufügen und 5 Minuten anbraten.
2. Die Schalotten und den Knoblauch zugeben und weitere 5 Minuten garen.
3. Die restlichen Zutaten hinzufügen, umrühren, zum Köcheln bringen und bei mittlerer Hitze weitere 15 Minuten kochen.
4. Auf Teller verteilen und heiß servieren.

Ernährung: Kalorien 237, Fett 12,9, Ballaststoffe 1,6, Kohlenhydrate 4,7, Protein 25,8

Hähnchen-Spargel-Mix

Zubereitungszeit: 10 Minuten
Kochzeit: 25 Minuten
Portionen: 4

Zutaten:

- 2 Hähnchenbrüste, ohne Haut, ohne Knochen und gewürfelt
- 2 Esslöffel Avocadoöl
- 2 Frühlingszwiebeln, gehackt
- 1 Bund Spargel, geputzt und halbiert
- ½ Teelöffel süßer Paprika
- Eine Prise schwarzer Pfeffer
- 14 Unzen Dosentomaten, ohne Salzzusatz, abgetropft und gehackt

Richtungen:

1. Eine Pfanne mit dem Öl bei mittlerer Hitze erhitzen, das Fleisch und die Frühlingszwiebeln hinzugeben, umrühren und 5 Minuten braten.
2. Den Spargel und die anderen Zutaten hinzufügen, schwenken, die Pfanne abdecken und bei mittlerer Hitze 20 Minuten garen.
3. Alles auf Teller verteilen und servieren.

Ernährung: Kalorien 171, Fett 6,4, Ballaststoffe 2,6, Kohlenhydrate 6,4, Protein 22,2

Truthahn und cremiger Brokkoli

Zubereitungszeit: 10 Minuten
Kochzeit: 25 Minuten
Portionen: 4

Zutaten:
- 1 Esslöffel Olivenöl
- 1 große Putenbrust, ohne Haut, ohne Knochen und gewürfelt
- 2 Tassen Brokkoliröschen
- 2 Schalotten, gehackt
- 2 Knoblauchzehen, gehackt
- 1 EL Basilikum, gehackt
- 1 Esslöffel Koriander, gehackt
- ½ Tasse Kokoscreme

Richtungen:
1. Eine Pfanne mit dem Öl bei mittlerer Hitze erhitzen, das Fleisch, die Schalotten und den Knoblauch dazugeben, schwenken und 5 Minuten anbraten.
2. Den Brokkoli und die anderen Zutaten dazugeben, alles durchschwenken, 20 Minuten bei mittlerer Hitze garen, auf Teller verteilen und servieren.

Ernährung: Kalorien 165, Fett 11,5, Ballaststoffe 2,1, Kohlenhydrate 7,9, Protein 9,6

Hähnchen- und Dill-Grüne-Bohnen-Mischung

Zubereitungszeit: 10 Minuten
Kochzeit: 25 Minuten
Portionen: 4

Zutaten:

- 2 Esslöffel Olivenöl
- 10 Unzen grüne Bohnen, getrimmt und halbiert
- 1 gelbe Zwiebel, gehackt
- 1 Esslöffel Dill, gehackt
- 2 Hähnchenbrust, ohne Haut, ohne Knochen und halbiert
- 2 Tassen Tomatensauce, ohne Salzzusatz
- ½ Teelöffel rote Paprikaflocken, zerdrückt

Richtungen:

1. Eine Pfanne mit dem Öl bei mittlerer Hitze erhitzen, die Zwiebel und das Fleisch dazugeben und 2 Minuten auf jeder Seite anbraten.
2. Die grünen Bohnen und die anderen Zutaten hinzufügen, umrühren, in den Ofen geben und bei 380 Grad F für 20 Minuten backen.
3. Auf Teller verteilen und sofort servieren.

Ernährung: Kalorien 391, Fett 17,8, Ballaststoffe 5, Kohlenhydrate 14,8, Protein 43,9

Huhn und Chili-Zucchini

Zubereitungszeit: 5 Minuten
Kochzeit: 25 Minuten
Portionen: 4

Zutaten:

- 1 Pfund Hähnchenbrust, ohne Haut, ohne Knochen und gewürfelt
- 1 Tasse natriumarme Hühnerbrühe
- 2 Zucchini, grob gewürfelt
- 1 Esslöffel Olivenöl
- 1 Tasse Dosentomaten, ohne Salzzusatz, gehackt
- 1 gelbe Zwiebel, gehackt
- 1 Teelöffel Chilipulver
- 1 Esslöffel Koriander, gehackt

Richtungen:

1. Eine Pfanne mit dem Öl bei mittlerer Hitze erhitzen, das Fleisch und die Zwiebel dazugeben, schwenken und 5 Minuten anbraten.
2. Die Zucchini und die restlichen Zutaten hinzugeben, vorsichtig schwenken, die Hitze auf mittlere Stufe reduzieren und 20 Minuten garen.
3. Alles auf Teller verteilen und servieren.

Ernährung: Kalorien 284, Fett 12,3, Ballaststoffe 2,4, Kohlenhydrate 8, Protein 35

Avocado-Hähnchen-Mischung

Zubereitungszeit: 10 Minuten
Kochzeit: 20 Minuten
Portionen: 4

Zutaten:

- 2 Hähnchenbrust, ohne Haut, ohne Knochen und halbiert
- Saft von ½ Zitrone
- 2 Esslöffel Olivenöl
- 2 Knoblauchzehen, gehackt
- ½ Tasse natriumarme Gemüsebrühe
- 1 Avocado, geschält, entkernt und in Keile geschnitten
- Eine Prise schwarzer Pfeffer

Richtungen:

1. Eine Pfanne mit dem Öl bei mittlerer Hitze erhitzen, den Knoblauch und das Fleisch dazugeben und 2 Minuten von jeder Seite anbraten.
2. Den Zitronensaft und die anderen Zutaten hinzugeben, zum Köcheln bringen und bei mittlerer Hitze 15 Minuten kochen.
3. Die ganze Mischung auf Teller verteilen und servieren.

Ernährung: Kalorien 436, Fett 27,3, Ballaststoffe 3,6, Kohlenhydrate 5,6, Protein 41,8

Türkei und Bok Choy

Zubereitungszeit: 10 Minuten
Kochzeit: 20 Minuten
Portionen: 4

Zutaten:

- 1 Putenbrust, ohne Knochen, ohne Haut und grob gewürfelt
- 2 Frühlingszwiebeln, gehackt
- 1 Pfund Pak Choi, zerrissen
- 2 Esslöffel Olivenöl
- ½ Teelöffel Ingwer, gerieben
- Eine Prise schwarzer Pfeffer
- ½ Tasse natriumarme Gemüsebrühe

Richtungen:

1. Einen Topf mit dem Öl bei mittlerer Hitze erhitzen, die Frühlingszwiebeln und den Ingwer hinzugeben und 2 Minuten anbraten.
2. Das Fleisch zugeben und weitere 5 Minuten anbraten.
3. Restliche Zutaten dazugeben, umrühren, weitere 13 Minuten köcheln lassen, auf Teller verteilen und servieren.

Ernährung: Kalorien 125, Fett 8, Ballaststoffe 1,7, Kohlenhydrate 5,5, Protein 9,3

Hähnchen mit roter Zwiebelmischung

Zubereitungszeit: 10 Minuten
Kochzeit: 25 Minuten
Portionen: 4

Zutaten:

- 2 Hähnchenbrüste, ohne Haut, ohne Knochen und grob gewürfelt
- 3 rote Zwiebeln, in Scheiben geschnitten
- 2 Esslöffel Olivenöl
- 1 Tasse natriumarme Gemüsebrühe
- Eine Prise schwarzer Pfeffer
- 1 Esslöffel Koriander, gehackt
- 1 EL Schnittlauch, gehackt

Richtungen:

1. Eine Pfanne mit dem Öl bei mittlerer Hitze erhitzen, die Zwiebeln und eine Prise schwarzen Pfeffer hinzufügen und 10 Minuten lang unter häufigem Rühren anbraten.
2. Fügen Sie das Huhn hinzu und kochen Sie weitere 3 Minuten.
3. Die restlichen Zutaten hinzufügen, zum Köcheln bringen und weitere 12 Minuten bei mittlerer Hitze kochen.
4. Die Hähnchen-Zwiebel-Mischung auf Teller verteilen und servieren.

Ernährung: Kalorien 364, Fett 17,5, Ballaststoffe 2,1, Kohlenhydrate 8,8, Protein 41,7

Heißer Truthahn und Reis

Zubereitungszeit: 10 Minuten
Kochzeit: 42 Minuten
Portionen: 4

Zutaten:

- 1 Putenbrust, ohne Haut, ohne Knochen und gewürfelt
- 1 Tasse weißer Reis
- 2 Tassen natriumarme Gemüsebrühe
- 1 Teelöffel scharfes Paprikapulver
- 2 kleine Serrano-Paprikaschoten, gehackt
- 2 Knoblauchzehen, gehackt
- 2 Esslöffel Olivenöl
- ½ rote Paprika gehackt
- Eine Prise schwarzer Pfeffer

Richtungen:

1. Eine Pfanne mit dem Öl bei mittlerer Hitze erhitzen, die Serrano-Paprikaschoten und den Knoblauch dazugeben und 2 Minuten anbraten.
2. Das Fleisch hinzugeben und 5 Minuten anbraten.
3. Den Reis und die anderen Zutaten zugeben, zum Köcheln bringen und bei mittlerer Hitze 35 Minuten kochen.
4. Umrühren, auf Teller verteilen und servieren.

Ernährung: Kalorien 271, Fett 7,7, Ballaststoffe 1,7, Kohlenhydrate 42, Protein 7,8

Zitronen-Lauch und Huhn

Zubereitungszeit: 10 Minuten
Kochzeit: 40 Minuten
Portionen: 4

Zutaten:
- 1 Pfund Hähnchenbrust, ohne Haut, ohne Knochen und gewürfelt
- Eine Prise schwarzer Pfeffer
- 2 Esslöffel Avocadoöl
- 1 Esslöffel Tomatensauce, ohne Salzzusatz
- 1 Tasse natriumarme Gemüsebrühe
- 4 Lauch, grob gehackt
- ½ Tasse Zitronensaft

Richtungen:
1. Eine Pfanne mit dem Öl bei mittlerer Hitze erhitzen, den Lauch dazugeben, schwenken und 10 Minuten dünsten.
2. Das Hühnchen und die anderen Zutaten hinzufügen, umrühren, bei mittlerer Hitze weitere 20 Minuten kochen, auf Teller verteilen und servieren.

Ernährung: Kalorien 199, Fett 13,3, Ballaststoffe 5, Kohlenhydrate 7,6, Protein 17,4

Truthahn mit Wirsing-Mix

Zubereitungszeit: 10 Minuten
Kochzeit: 35 Minuten
Portionen: 4

Zutaten:

- 1 große Putenbrust, ohne Haut, ohne Knochen und gewürfelt
- 1 Tasse natriumarme Hühnerbrühe
- 1 Esslöffel Kokosöl, geschmolzen
- 1 Wirsingkohl, geraspelt
- 1 Teelöffel Chilipulver
- 1 Teelöffel süßer Paprika
- 1 Knoblauchzehe, gehackt
- 1 gelbe Zwiebel, gehackt
- Eine Prise Salz und schwarzer Pfeffer

Richtungen:

1. Eine Pfanne mit dem Öl bei mittlerer Hitze erhitzen, das Fleisch dazugeben und 5 Minuten anbraten.
2. Knoblauch und Zwiebel dazugeben, umrühren und weitere 5 Minuten sautieren.
3. Den Kohl und die anderen Zutaten hinzufügen, umrühren, zum Köcheln bringen und bei mittlerer Hitze 25 Minuten kochen.
4. Alles auf Teller verteilen und servieren.

Ernährung: Kalorien 299, Fett 14,5, Ballaststoffe 5, Kohlenhydrate 8,8, Protein 12,6

Hähnchen mit Paprikaschoten

Zubereitungszeit: 10 Minuten
Kochzeit: 30 Minuten
Portionen: 4

Zutaten:

- 1 Pfund Hähnchenbrust, ohne Haut, ohne Knochen und in Scheiben geschnitten
- 4 Frühlingszwiebeln, gehackt
- 1 Esslöffel Olivenöl
- 1 Esslöffel süßer Paprika
- 1 Tasse natriumarme Hühnerbrühe
- 1 Esslöffel Ingwer, gerieben
- 1 Teelöffel Oregano, getrocknet
- 1 Teelöffel Kreuzkümmel, gemahlen
- 1 Teelöffel Piment, gemahlen
- ½ Tasse Koriander, gehackt
- Eine Prise schwarzer Pfeffer

Richtungen:

1. Eine Pfanne mit dem Öl bei mittlerer Hitze erhitzen, die Frühlingszwiebeln und das Fleisch dazugeben und 5 Minuten anbraten.
2. Die restlichen Zutaten hinzufügen, schwenken, in den Ofen geben und 25 Minuten bei 390 Grad F backen.
3. Die Mischung aus Huhn und Frühlingszwiebeln auf Teller verteilen und servieren.

Ernährung: Kalorien 295, Fett 12,5, Ballaststoffe 6,9, Kohlenhydrate 22,4, Protein 15,6

Hähnchen-Senf-Sauce

Zubereitungszeit: 10 Minuten
Kochzeit: 35 Minuten
Portionen: 4

Zutaten:

- 1 Pfund Hähnchenschenkel, ohne Knochen und ohne Haut
- 1 Esslöffel Avocadoöl
- 2 Esslöffel Senf
- 1 Schalotte, gehackt
- 1 Tasse natriumarme Hühnerbrühe
- Eine Prise Salz und schwarzer Pfeffer
- 3 Knoblauchzehen, gehackt
- ½ Teelöffel Basilikum, getrocknet

Richtungen:

1. Eine Pfanne mit dem Öl bei mittlerer Hitze erhitzen, die Schalotte, den Knoblauch und das Hähnchen dazugeben und alles 5 Minuten anbraten.
2. Den Senf und die restlichen Zutaten hinzugeben, vorsichtig schwenken, zum Köcheln bringen und bei mittlerer Hitze 30 Minuten köcheln lassen.
3. Alles auf Teller verteilen und heiß servieren.

Ernährung: Kalorien 299, Fett 15,5, Ballaststoffe 6,6, Kohlenhydrate 30,3, Protein 12,5

Hähnchen-Sellerie-Mix

Zubereitungszeit: 10 Minuten
Kochzeit: 35 Minuten
Portionen: 4

Zutaten:

- Eine Prise schwarzer Pfeffer
- 2 Pfund Hähnchenbrust, ohne Haut, ohne Knochen und gewürfelt
- 2 Esslöffel Olivenöl
- 1 Tasse Sellerie, gehackt
- 3 Knoblauchzehen, gehackt
- 1 Poblano-Paprika, gehackt
- 1 Tasse natriumarme Gemüsebrühe
- 1 Teelöffel Chilipulver
- 2 Esslöffel Schnittlauch, gehackt

Richtungen:

1. Eine Pfanne mit dem Öl bei mittlerer Hitze erhitzen, Knoblauch, Sellerie und Poblano-Pfeffer dazugeben, schwenken und 5 Minuten kochen lassen.
2. Das Fleisch hinzugeben, schwenken und weitere 5 Minuten garen.
3. Die restlichen Zutaten außer dem Schnittlauch dazugeben, zum Köcheln bringen und bei mittlerer Hitze weitere 25 Minuten garen.
4. Die ganze Mischung auf Teller verteilen und mit dem Schnittlauch bestreut servieren.

Ernährung: Kalorien 305, Fett 18, Ballaststoffe 13,4, Kohlenhydrate 22,5,
Protein 6

Ernährung: Kalorien 305, Fett 18, Ballaststoffe 13,4, Kohlenhydrate 22,5,
Protein 6

Limettentruthahn mit Babykartoffeln

Zubereitungszeit: 10 Minuten
Kochzeit: 40 Minuten
Portionen: 4

Zutaten:

- 1 Putenbrust, ohne Haut, ohne Knochen und in Scheiben geschnitten
- 2 Esslöffel Olivenöl
- 1 Pfund Babykartoffeln, geschält und halbiert
- 1 Esslöffel süßer Paprika
- 1 gelbe Zwiebel, gehackt
- 1 Teelöffel Chilipulver
- 1 Teelöffel Rosmarin, getrocknet
- 2 Tassen natriumarme Hühnerbrühe
- Eine Prise schwarzer Pfeffer
- Schale von 1 Limette, gerieben
- 1 Esslöffel Limettensaft
- 1 Esslöffel Koriander, gehackt

Richtungen:

1. Eine Pfanne mit dem Öl bei mittlerer Hitze erhitzen, die Zwiebel, das Chilipulver und den Rosmarin dazugeben, schwenken und 5 Minuten anbraten.
2. Das Fleisch hinzugeben und weitere 5 Minuten anbraten.
3. Die Kartoffeln und die restlichen Zutaten außer dem Koriander hinzugeben, vorsichtig schwenken, zum Köcheln bringen und bei mittlerer Hitze 30 Minuten kochen lassen.
4. Die Mischung auf Teller verteilen und mit Koriander bestreut servieren.

Ernährung: Kalorien 345, Fett 22,2, Ballaststoffe 12,3, Kohlenhydrate 34,5, Protein 16,4

Hähnchen mit Senfgrün

Zubereitungszeit: 10 Minuten
Kochzeit: 25 Minuten
Portionen: 4

Zutaten:

- 2 Hähnchenbrüste, ohne Haut, ohne Knochen und gewürfelt
- 3 Tassen Senfgrün
- 1 Tasse Dosentomaten, ohne Salzzusatz, gehackt
- 1 rote Zwiebel, gehackt
- 2 Esslöffel Avocadoöl
- 1 Teelöffel Oregano, getrocknet
- 2 Knoblauchzehen, gehackt
- 1 EL Schnittlauch, gehackt
- 1 Esslöffel Balsamico-Essig
- Eine Prise schwarzer Pfeffer

Richtungen:

1. Eine Pfanne mit dem Öl bei mittlerer Hitze erhitzen, die Zwiebel und den Knoblauch dazugeben und 5 Minuten anbraten.
2. Fügen Sie das Fleisch hinzu und braten Sie es weitere 5 Minuten an.
3. Das Gemüse, die Tomaten und die anderen Zutaten hinzufügen, umrühren, 20 Minuten bei mittlerer Hitze garen, auf Teller verteilen und servieren.

Ernährung: Kalorien 290, Fett 12,3, Ballaststoffe 6,7, Kohlenhydrate 22,30, Protein 14,3

Gebackenes Huhn und Äpfel

Zubereitungszeit: 10 Minuten
Kochzeit: 50 Minuten
Portionen: 4

Zutaten:

- 2 Pfund Hähnchenschenkel, ohne Knochen und ohne Haut
- 2 Esslöffel Olivenöl
- 2 rote Zwiebeln, in Scheiben geschnitten
- Eine Prise schwarzer Pfeffer
- 1 Teelöffel Thymian, getrocknet
- 1 Teelöffel Basilikum, getrocknet
- 1 Tasse grüne Äpfel, entkernt und grob gewürfelt
- 2 Knoblauchzehen, gehackt
- 2 Tassen natriumarme Hühnerbrühe
- 1 Esslöffel Zitronensaft
- 1 Tasse Tomaten, gewürfelt
- 1 Esslöffel Koriander, gehackt

Richtungen:

1. Eine Pfanne mit dem Öl bei mittlerer Hitze erhitzen, die Zwiebeln und den Knoblauch dazugeben und 5 Minuten anbraten.
2. Fügen Sie das Huhn hinzu und braten Sie es weitere 5 Minuten an.
3. Thymian, Basilikum und die anderen Zutaten hinzufügen, vorsichtig schwenken, in den Ofen geben und 40 Minuten bei 390 Grad F backen.
4. Die Hähnchen-Apfel-Mischung auf Teller verteilen und servieren.

Ernährung: Kalorien 290, Fett 12,3, Ballaststoffe 4, Kohlenhydrate 15,7, Protein 10

Chipotle-Huhn

Zubereitungszeit: 10 Minuten
Kochzeit: 1 Stunde
Portionen: 6

Zutaten:

- 2 Pfund Hähnchenschenkel, ohne Knochen und ohne Haut
- 1 gelbe Zwiebel, gehackt
- 2 Esslöffel Olivenöl
- 3 Knoblauchzehen, gehackt
- 1 Esslöffel Koriandersamen, gemahlen
- 1 Teelöffel Kreuzkümmel, gemahlen
- 1 Tasse natriumarme Hühnerbrühe
- 4 Esslöffel Chipotle-Chili-Paste
- Eine Prise schwarzer Pfeffer
- 1 Esslöffel Koriander, gehackt

Richtungen:

1. Eine Pfanne mit dem Öl bei mittlerer Hitze erhitzen, die Zwiebel und den Knoblauch dazugeben und 5 Minuten anschwitzen.
2. Das Fleisch zugeben und weitere 5 Minuten anbraten.
3. Fügen Sie die restlichen Zutaten hinzu, werfen Sie alles in den Ofen und backen Sie es 50 Minuten lang bei 390 Grad F.
4. Die ganze Mischung auf Teller verteilen und servieren.

Ernährung: Kalorien 280, Fett 12,1, Ballaststoffe 6,3, Kohlenhydrate 15,7, Protein 12

Kräuter Truthahn

Zubereitungszeit: 10 Minuten
Kochzeit: 35 Minuten
Portionen: 4

Zutaten:

- 1 große Putenbrust, ohne Knochen, ohne Haut und in Scheiben geschnitten
- 1 EL Schnittlauch, gehackt
- 1 Esslöffel Oregano, gehackt
- 1 EL Basilikum, gehackt
- 1 Esslöffel Koriander, gehackt
- 2 Schalotten, gehackt
- 2 Esslöffel Olivenöl
- 1 Tasse natriumarme Hühnerbrühe
- 1 Tasse Tomaten, gewürfelt
- Salz und schwarzer Pfeffer nach Geschmack

Richtungen:

1. Eine Pfanne mit dem Öl bei mittlerer Hitze erhitzen, die Schalotten und das Fleisch dazugeben und 5 Minuten anbraten.
2. Den Schnittlauch und die anderen Zutaten hinzufügen, umrühren, zum Köcheln bringen und bei mittlerer Hitze 30 Minuten kochen.
3. Die Mischung auf Teller verteilen und servieren.

Ernährung: Kalorien 290, Fett 11,9, Ballaststoffe 5,5, Kohlenhydrate 16,2, Protein 9

Hähnchen-Ingwer-Sauce

Zubereitungszeit: 10 Minuten
Kochzeit: 35 Minuten
Portionen: 4

Zutaten:

- 1 Pfund Hähnchenbrust, ohne Haut, ohne Knochen und gewürfelt
- 1 Esslöffel Ingwer, gerieben
- 1 Esslöffel Olivenöl
- 2 Schalotten, gehackt
- 1 Esslöffel Balsamico-Essig
- Eine Prise schwarzer Pfeffer
- ¾ Tasse natriumarme Hühnerbrühe
- 1 EL Basilikum, gehackt

Richtungen:

1. Eine Pfanne mit dem Öl bei mittlerer Hitze erhitzen, die Schalotten und den Ingwer dazugeben, umrühren und 5 Minuten anschwitzen.
2. Die restlichen Zutaten außer dem Hähnchen dazugeben, umrühren, zum Köcheln bringen und weitere 5 Minuten kochen lassen.
3. Fügen Sie das Hähnchen hinzu, schwenken Sie es um, lassen Sie die ganze Mischung 25 Minuten köcheln, verteilen Sie sie auf Teller und servieren Sie sie.

Ernährung: Kalorien 294, Fett 15,5, Ballaststoffe 3, Kohlenhydrate 15,4, Protein 13,1

Huhn und Mais

Zubereitungszeit: 10 Minuten
Kochzeit: 35 Minuten
Portionen: 4

Zutaten:
- 2 Pfund Hähnchenbrust, ohne Haut, ohne Knochen und halbiert
- 2 Tassen Mais
- 2 Esslöffel Avocadoöl
- Eine Prise schwarzer Pfeffer
- 1 Teelöffel geräucherter Paprika
- 1 Bund Frühlingszwiebeln, gehackt
- 1 Tasse natriumarme Hühnerbrühe

Richtungen:
1. Erhitzen Sie eine Pfanne mit dem Öl bei mittlerer Hitze, fügen Sie die Frühlingszwiebeln hinzu, rühren Sie um und braten Sie sie 5 Minuten lang an.
2. Fügen Sie das Huhn hinzu und braten Sie es weitere 5 Minuten an.
3. Fügen Sie den Mais und die anderen Zutaten hinzu, schwenken Sie, stellen Sie die Pfanne in den Ofen und kochen Sie sie 25 Minuten lang bei 390 Grad F.
4. Die Mischung auf Teller verteilen und servieren.

Ernährung: Kalorien 270, Fett 12,4, Ballaststoffe 5,2, Kohlenhydrate 12, Protein 9

Curry Truthahn und Quinoa

Zubereitungszeit: 10 Minuten
Kochzeit: 40 Minuten
Portionen: 4

Zutaten:

- 1 Pfund Putenbrust, ohne Haut, ohne Knochen und gewürfelt
- 1 Esslöffel Olivenöl
- 1 Tasse Quinoa
- 2 Tassen natriumarme Hühnerbrühe
- 1 Esslöffel Limettensaft
- 1 EL Petersilie, gehackt
- Eine Prise schwarzer Pfeffer
- 1 Esslöffel rote Currypaste

Richtungen:

1. Eine Pfanne mit dem Öl bei mittlerer Hitze erhitzen, das Fleisch hineingeben und 5 Minuten anbraten.
2. Quinoa und die restlichen Zutaten hinzufügen, umrühren, zum Köcheln bringen und bei mittlerer Hitze 35 Minuten kochen.
3. Alles auf Teller verteilen und servieren.

Ernährung: Kalorien 310, Fett 8,5, Ballaststoffe 11, Kohlenhydrate 30,4, Protein 16,3

Truthahn und Kreuzkümmel Pastinaken

Zubereitungszeit: 10 Minuten
Kochzeit: 40 Minuten
Portionen: 4

Zutaten:

- 1 Pfund Putenbrust, ohne Haut, ohne Knochen und gewürfelt
- 2 Pastinaken, geschält und gewürfelt
- 2 Teelöffel Kreuzkümmel, gemahlen
- 1 EL Petersilie, gehackt
- 2 Esslöffel Avocadoöl
- 2 Schalotten, gehackt
- 1 Tasse natriumarme Hühnerbrühe
- 4 Knoblauchzehen, gehackt
- Eine Prise schwarzer Pfeffer

Richtungen:

1. Eine Pfanne mit dem Öl bei mittlerer Hitze erhitzen, die Schalotten und den Knoblauch dazugeben und 5 Minuten anschwitzen.
2. Fügen Sie den Truthahn hinzu, schwenken Sie ihn und kochen Sie ihn weitere 5 Minuten lang.
3. Pastinaken und die restlichen Zutaten zugeben, umrühren, bei mittlerer Hitze weitere 30 Minuten köcheln lassen, auf Teller verteilen und servieren.

Ernährung: Kalorien 284, Fett 18,2, Ballaststoffe 4, Kohlenhydrate 16,7, Protein 12,3

Truthahn und Koriander-Kichererbsen

Zubereitungszeit: 10 Minuten
Kochzeit: 40 Minuten
Portionen: 4

Zutaten:

- 1 Tasse Kichererbsen aus der Dose, ohne Salzzusatz, abgetropft
- 1 Tasse natriumarme Hühnerbrühe
- 1 Pfund Putenbrust, ohne Haut, ohne Knochen und gewürfelt
- Eine Prise schwarzer Pfeffer
- 1 Teelöffel Oregano, getrocknet
- 1 Teelöffel Muskatnuss, gemahlen
- 2 Esslöffel Olivenöl
- 1 gelbe Zwiebel, gehackt
- 1 grüne Paprika, gehackt
- 1 Tasse Koriander, gehackt

Richtungen:

1. Eine Pfanne mit dem Öl bei mittlerer Hitze erhitzen, die Zwiebel, die Paprika und das Fleisch dazugeben und 10 Minuten unter häufigem Rühren anbraten.
2. Die restlichen Zutaten hinzufügen, umrühren, zum Köcheln bringen und bei mittlerer Hitze 30 Minuten kochen.
3. Die Mischung auf Teller verteilen und servieren.

Ernährung: Kalorien 304, Fett 11,2, Ballaststoffe 4,5, Kohlenhydrate 22,2, Protein 17

Truthahn und Curry-Linsen

Zubereitungszeit: 10 Minuten
Kochzeit: 40 Minuten
Portionen: 4

Zutaten:

- 2 Pfund Putenbrust, ohne Haut, ohne Knochen und gewürfelt
- 1 Tasse Linsen aus der Dose, ohne Salzzusatz, abgetropft und gespült
- 1 Esslöffel grüne Currypaste
- 1 Teelöffel Garam Masala
- 2 Esslöffel Olivenöl
- 1 gelbe Zwiebel, gehackt
- 1 Knoblauchzehe, gehackt
- Eine Prise schwarzer Pfeffer
- 1 Esslöffel Koriander, gehackt

Richtungen:

1. Eine Pfanne mit dem Öl bei mittlerer Hitze erhitzen, die Zwiebel, den Knoblauch und das Fleisch dazugeben und 5 Minuten unter häufigem Rühren anbraten.
2. Die Linsen und die anderen Zutaten zugeben, zum Köcheln bringen und bei mittlerer Hitze 35 Minuten garen.
3. Die Mischung auf Teller verteilen und servieren.

Ernährung: Kalorien 489, Fett 12,1, Ballaststoffe 16,4, Kohlenhydrate 42,4, Protein 51,5

Truthahn mit Bohnen und Oliven

Zubereitungszeit: 10 Minuten
Kochzeit: 35 Minuten
Portionen: 4

Zutaten:

- 1 Tasse schwarze Bohnen, ohne Salzzusatz und abgetropft
- 1 Tasse grüne Oliven, entkernt und halbiert
- 1 Pfund Putenbrust, ohne Haut, ohne Knochen und in Scheiben geschnitten
- 1 Esslöffel Koriander, gehackt
- 1 Tasse Tomatensauce, ohne Salzzusatz
- 1 Esslöffel Olivenöl

Richtungen:

1. Eine Auflaufform mit dem Öl einfetten, die Putenscheiben darin anrichten, die anderen Zutaten ebenfalls hinzufügen, in den Ofen schieben und bei 380 Grad F 35 Minuten lang backen.
2. Auf Teller verteilen und servieren.

Ernährung: Kalorien 331, Fett 6,4, Ballaststoffe 9, Kohlenhydrate 38,5, Protein 30,7

Hähnchen- und Tomaten-Quinoa

Zubereitungszeit: 10 Minuten
Kochzeit: 35 Minuten
Portionen: 8

Zutaten:

- 1 Esslöffel Olivenöl
- 2 Pfund Hähnchenbrust, ohne Haut, ohne Knochen und halbiert
- 1 Teelöffel Rosmarin, gemahlen
- Eine Prise Salz und schwarzer Pfeffer
- 2 Schalotten, gehackt
- 1 Esslöffel Olivenöl
- 3 Esslöffel natriumarme Tomatensauce
- 2 Tassen Quinoa, bereits gekocht

Richtungen:

1. Eine Pfanne mit dem Öl bei mittlerer Hitze erhitzen, das Fleisch und die Schalotten dazugeben und 2 Minuten auf jeder Seite anbraten.
2. Den Rosmarin und die anderen Zutaten hinzufügen, umrühren, in den Ofen geben und 30 Minuten bei 370 Grad F kochen.
3. Die Mischung auf Teller verteilen und servieren.

Ernährung: Kalorien 406, Fett 14,5, Ballaststoffe 3,1, Kohlenhydrate 28,1, Protein 39

Piment Chicken Wings

Zubereitungszeit: 10 Minuten
Kochzeit: 20 Minuten
Portionen: 4

Zutaten:

- 2 Pfund Hühnerflügel
- 2 Teelöffel Piment, gemahlen
- 2 Esslöffel Avocadoöl
- 5 Knoblauchzehen, gehackt
- Schwarzer Pfeffer nach Geschmack
- 2 Esslöffel Schnittlauch, gehackt

Richtungen:

1. In einer Schüssel die Chicken Wings mit dem Piment und den anderen Zutaten vermengen und gut durchschwenken.
2. Ordnen Sie die Hähnchenflügel in einer Bratpfanne an und backen Sie sie 20 Minuten lang bei 400 Grad F.
3. Die Chicken Wings auf Teller verteilen und servieren.

Ernährung: Kalorien 449, Fett 17,8, Ballaststoffe 0,6, Kohlenhydrate 2,4, Protein 66,1

Huhn und Schneeerbsen

Zubereitungszeit: 10 Minuten
Kochzeit: 30 Minuten
Portionen: 4

Zutaten:

- 2 Pfund Hähnchenbrust, ohne Haut, ohne Knochen und gewürfelt
- 2 Tassen Kaiserschoten
- 2 Esslöffel Olivenöl
- 1 rote Zwiebel, gehackt
- 1 Tasse Tomatensauce aus der Dose, ohne Salzzusatz
- 2 Esslöffel Petersilie, gehackt
- Eine Prise schwarzer Pfeffer

Richtungen:

1. Eine Pfanne mit dem Öl bei mittlerer Hitze erhitzen, die Zwiebel und das Fleisch hinzugeben und 5 Minuten anbraten.
2. Die Erbsen und die restlichen Zutaten zugeben, zum Köcheln bringen und bei mittlerer Hitze 25 Minuten garen.
3. Die Mischung auf Teller verteilen und servieren.

Ernährung: Kalorien 551, Fett 24,2, Ballaststoffe 3,8, Kohlenhydrate 11,7, Protein 69,4

Garnelen-Ananas-Mix

Zubereitungszeit: 10 Minuten
Kochzeit: 10 Minuten
Portionen: 4

Zutaten:

- 1 Esslöffel Olivenöl
- 1 Pfund Garnelen, geschält und entdarmt
- 1 Tasse Ananas, geschält und gewürfelt
- Saft von 1 Zitrone
- Ein Bund Petersilie, gehackt

Richtungen:

1. Eine Pfanne mit dem Öl bei mittlerer Hitze erhitzen, die Garnelen dazugeben und 3 Minuten auf jeder Seite anbraten.
2. Restliche Zutaten dazugeben, alles weitere 4 Minuten garen, auf Schälchen verteilen und servieren.

Ernährung: Kalorien 254, Fett 13,3, Ballaststoffe 6, Kohlenhydrate 14,9, Protein 11

Lachs und grüne Oliven

Zubereitungszeit: 10 Minuten
Kochzeit: 20 Minuten
Portionen: 4

Zutaten:

- 1 gelbe Zwiebel, gehackt
- 1 Tasse grüne Oliven, entkernt und halbiert
- 1 Teelöffel Chilipulver
- Schwarzer Pfeffer nach Geschmack
- 2 Esslöffel Olivenöl
- ¼ Tasse natriumarme Gemüsebrühe
- 4 Lachsfilets, ohne Haut und Knochen
- 2 Esslöffel Schnittlauch, gehackt

Richtungen:

1. Eine Pfanne mit dem Öl bei mittlerer Hitze erhitzen, die Zwiebel dazugeben und 3 Minuten anbraten.
2. Den Lachs hinzufügen und auf jeder Seite 5 Minuten braten. Die restlichen Zutaten zugeben, die Mischung weitere 5 Minuten braten, auf die Teller verteilen und servieren.

Ernährung: Kalorien 221, Fett 12,1, Ballaststoffe 5,4, Kohlenhydrate 8,5, Protein 11,2

Lachs und Fenchel

Zubereitungszeit: 5 Minuten
Kochzeit: 15 Minuten
Portionen: 4

Zutaten:

- 4 mittelgroße Lachsfilets, ohne Haut und Knochen
- 1 Fenchelknolle, gehackt
- ½ Tasse natriumarme Gemüsebrühe
- 2 Esslöffel Olivenöl
- Schwarzer Pfeffer nach Geschmack
- ¼ Tasse natriumarme Gemüsebrühe
- 1 Esslöffel Zitronensaft
- 1 Esslöffel Koriander, gehackt

Richtungen:

1. Eine Pfanne mit dem Öl bei mittlerer Hitze erhitzen, den Fenchel dazugeben und 3 Minuten garen.
2. Fügen Sie den Fisch hinzu und braten Sie ihn 4 Minuten lang auf jeder Seite an.
3. Restliche Zutaten dazugeben, alles weitere 4 Minuten garen, auf Teller verteilen und servieren.

Ernährung: Kalorien 252, Fett 9,3, Ballaststoffe 4,2, Kohlenhydrate 12,3, Protein 9

Kabeljau und Spargel

Zubereitungszeit: 10 Minuten
Kochzeit: 14 Minuten
Portionen: 4

Zutaten:

- 1 Esslöffel Olivenöl
- 1 rote Zwiebel, gehackt
- 1 Pfund Kabeljaufilets, ohne Knochen
- 1 Bund Spargel, geputzt
- Schwarzer Pfeffer nach Geschmack
- 1 Tasse Kokoscreme
- 1 EL Schnittlauch, gehackt

Richtungen:

1. Eine Pfanne mit dem Öl bei mittlerer Hitze erhitzen, die Zwiebel und den Kabeljau dazugeben und 3 Minuten auf jeder Seite anbraten.
2. Restliche Zutaten dazugeben, alles weitere 8 Minuten garen, auf Teller verteilen und servieren.

Ernährung: Kalorien 254, Fett 12,1, Ballaststoffe 5,4, Kohlenhydrate 4,2, Protein 13,5

Gewürzte Garnelen

Zubereitungszeit: 5 Minuten
Kochzeit: 8 Minuten
Portionen: 4

Zutaten:

- 1 Teelöffel Knoblauchpulver
- 1 Teelöffel geräucherter Paprika
- 1 Teelöffel Kreuzkümmel, gemahlen
- 1 Teelöffel Piment, gemahlen
- 2 Esslöffel Olivenöl
- 2 Pfund Garnelen, geschält und entdarmt
- 1 EL Schnittlauch, gehackt

Richtungen:

1. Eine Pfanne mit dem Öl bei mittlerer Hitze erhitzen, Garnelen, Knoblauchpulver und die anderen Zutaten dazugeben, 4 Minuten auf jeder Seite anbraten, auf Schälchen verteilen und servieren.

Ernährung: Kalorien 212, Fett 9,6, Ballaststoffe 5,3, Kohlenhydrate 12,7, Protein 15,4

Wolfsbarsch und Tomaten

Zubereitungszeit: 10 Minuten
Kochzeit: 30 Minuten
Portionen: 4

Zutaten:

- 2 Esslöffel Olivenöl
- 2 Pfund Wolfsbarschfilets, ohne Haut und Knochen
- Schwarzer Pfeffer nach Geschmack
- 2 Tassen Kirschtomaten, halbiert
- 1 EL Schnittlauch, gehackt
- 1 Esslöffel Zitronenschale, gerieben
- ¼ Tasse Zitronensaft

Richtungen:

1. Eine Bratpfanne mit Öl einfetten und den Fisch darin anrichten.
2. Fügen Sie die Tomaten und die anderen Zutaten hinzu, stellen Sie die Pfanne in den Ofen und backen Sie sie 30 Minuten lang bei 380 Grad F.
3. Alles auf Teller verteilen und servieren.

Ernährung: Kalorien 272, Fett 6,9, Ballaststoffe 6,2, Kohlenhydrate 18,4, Protein 9

Garnelen und Bohnen

Zubereitungszeit: 10 Minuten
Kochzeit: 12 Minuten
Portionen: 4

Zutaten:

- 1 Pfund Garnelen, entdarmt und geschält
- 1 Esslöffel Olivenöl
- Saft von 1 Limette
- 1 Tasse schwarze Bohnen aus der Dose, ohne Salzzusatz, abgetropft
- 1 Schalotte, gehackt
- 1 Esslöffel Oregano, gehackt
- 2 Knoblauchzehen, gehackt
- Schwarzer Pfeffer nach Geschmack

Richtungen:

1. Eine Pfanne mit dem Öl bei mittlerer Hitze erhitzen, die Schalotte und den Knoblauch dazugeben, umrühren und 3 Minuten braten.
2. Die Garnelen hinzugeben und auf jeder Seite 2 Minuten braten.
3. Die Bohnen und die anderen Zutaten zugeben, alles weitere 5 Minuten bei mittlerer Hitze garen, auf Schälchen verteilen und servieren.

Ernährung: Kalorien 253, Fett 11,6, Ballaststoffe 6, Kohlenhydrate 14,5, Protein 13,5

Garnelen-Meerrettich-Mischung

Zubereitungszeit: 5 Minuten
Kochzeit: 8 Minuten
Portionen: 4

Zutaten:

- 1 Pfund Garnelen, geschält und entdarmt
- 2 Schalotten, gehackt
- 1 Esslöffel Olivenöl
- 1 EL Schnittlauch, gehackt
- 2 Teelöffel zubereiteter Meerrettich
- ¼ Tasse Kokoscreme
- Schwarzer Pfeffer nach Geschmack

Richtungen:

4 Eine Pfanne mit dem Öl bei mittlerer Hitze erhitzen, die Schalotten und den Meerrettich dazugeben, umrühren und 2 Minuten dünsten.

5 Die Garnelen und die anderen Zutaten hinzugeben, umrühren, weitere 6 Minuten garen, auf die Teller verteilen und servieren.

Ernährung: Kalorien 233, Fett 6, Ballaststoffe 5, Kohlenhydrate 11,9, Protein 5,4

Salat mit Garnelen und Estragon

Zubereitungszeit: 4 Minuten
Kochzeit: 0 Minuten
Portionen: 4

Zutaten:

- 1 Pfund Garnelen, gekocht, geschält und entdarmt
- 1 Esslöffel Estragon, gehackt
- 1 EL Kapern, abgetropft
- 2 Esslöffel Olivenöl
- Schwarzer Pfeffer nach Geschmack
- 2 Tassen Babyspinat
- 1 Esslöffel Balsamico-Essig
- 1 kleine rote Zwiebel, in Scheiben geschnitten
- 2 Esslöffel Zitronensaft

Richtungen:
4 In einer Schüssel die Garnelen mit dem Estragon und den
anderen Zutaten mischen, schwenken und servieren.

Ernährung: Kalorien 258, Fett 12,4, Ballaststoffe 6, Kohlenhydrate 6,7,
Protein 13,3

Parmesan-Kabeljau-Mischung

Zubereitungszeit: 10 Minuten
Kochzeit: 20 Minuten
Portionen: 4

Zutaten:

- 4 Kabeljaufilets, ohne Knochen
- ½ Tasse fettarmer Parmesankäse, gerieben
- 3 Knoblauchzehen, gehackt
- 1 Esslöffel Olivenöl
- 1 Esslöffel Zitronensaft
- ½ Tasse Frühlingszwiebel, gehackt

Richtungen:

1. Eine Pfanne mit dem Öl bei mittlerer Hitze erhitzen, den Knoblauch und die Frühlingszwiebeln dazugeben, schwenken und 5 Minuten anbraten.
2. Fügen Sie den Fisch hinzu und braten Sie ihn 4 Minuten lang auf jeder Seite.
3. Zitronensaft zugeben, Parmesan darüber streuen, alles weitere 2 Minuten garen, auf Teller verteilen und servieren.

Ernährung: Kalorien 275, Fett 22,1, Ballaststoffe 5, Kohlenhydrate 18,2, Protein 12

Mischung aus Tilapia und roten Zwiebeln

Zubereitungszeit: 10 Minuten
Kochzeit: 15 Minuten
Portionen: 4

Zutaten:

- 4 Tilapiafilets, ohne Knochen
- 2 Esslöffel Olivenöl
- 1 Esslöffel Zitronensaft
- 2 Teelöffel Zitronenschale, gerieben
- 2 rote Zwiebeln, grob gehackt
- 3 Esslöffel Schnittlauch, gehackt

Richtungen:

1. Eine Pfanne mit dem Öl bei mittlerer Hitze erhitzen, Zwiebeln, Zitronenschale und Zitronensaft dazugeben, schwenken und 5 Minuten dünsten.
2. Den Fisch und den Schnittlauch dazugeben, 5 Minuten auf jeder Seite anbraten, auf Teller verteilen und servieren.

Ernährung: Kalorien 254, Fett 18,2, Ballaststoffe 5,4, Kohlenhydrate 11,7, Protein 4,5

Forellensalat

Zubereitungszeit: 6 Minuten
Kochzeit: 0 Minuten
Portionen: 4

Zutaten:
- 4 Unzen geräucherte Forelle, ohne Haut, ohne Knochen und gewürfelt
- 1 Esslöffel Limettensaft
- 1/3 Tasse fettfreier Joghurt
- 2 Avocados, geschält, entkernt und gewürfelt
- 3 Esslöffel Schnittlauch, gehackt
- Schwarzer Pfeffer nach Geschmack
- 1 Esslöffel Olivenöl

Richtungen:
1. In einer Schüssel die Forelle mit den Avocados und den anderen Zutaten mischen, schwenken und servieren.

Ernährung: Kalorien 244, Fett 9,45, Ballaststoffe 5,6, Kohlenhydrate 8,5, Protein 15

Balsamico-Forelle

Zubereitungszeit: 5 Minuten
Kochzeit: 15 Minuten
Portionen: 4

Zutaten:

- 3 Esslöffel Balsamico-Essig
- 2 Esslöffel Olivenöl
- 4 Forellenfilets, ohne Knochen
- 3 EL Petersilie, fein gehackt
- 2 Knoblauchzehen, gehackt

Richtungen:

1. Eine Pfanne mit dem Öl bei mittlerer Hitze erhitzen, die Forelle dazugeben und 6 Minuten auf jeder Seite anbraten.
2. Die restlichen Zutaten hinzufügen, weitere 3 Minuten kochen, auf Teller verteilen und mit einem Beilagensalat servieren.

Ernährung: Kalorien 314, Fett 14,3, Ballaststoffe 8,2, Kohlenhydrate 14,8, Protein 11,2

Petersilie Lachs

Zubereitungszeit: 5 Minuten
Kochzeit: 12 Minuten
Portionen: 4

Zutaten:
- 2 Frühlingszwiebeln, gehackt
- 2 Teelöffel Limettensaft
- 1 Esslöffel Schnittlauch, gehackt
- 1 Esslöffel Olivenöl
- 4 Lachsfilets, ohne Knochen
- Schwarzer Pfeffer nach Geschmack
- 2 Esslöffel Petersilie, gehackt

Richtungen:
1. Eine Pfanne mit dem Öl bei mittlerer Hitze erhitzen, die Frühlingszwiebeln dazugeben, umrühren und 2 Minuten anbraten.
2. Den Lachs und die anderen Zutaten zugeben, 5 Minuten auf jeder Seite braten, auf Teller verteilen und servieren.

Ernährung: Kalorien 290, Fett 14,4, Ballaststoffe 5,6, Kohlenhydrate 15,6, Protein 9,5

Forelle und Gemüsesalat

Zubereitungszeit: 5 Minuten
Kochzeit: 0 Minuten
Portionen: 4

Zutaten:

- 2 Esslöffel Olivenöl
- ½ Tasse Kalamata-Oliven, entsteint und gehackt
- Schwarzer Pfeffer nach Geschmack
- 1 Pfund geräucherte Forelle, ohne Knochen, ohne Haut und gewürfelt
- ½ Teelöffel Zitronenschale, gerieben
- 1 Esslöffel Zitronensaft
- 1 Tasse Kirschtomaten, halbiert
- ½ rote Zwiebel, in Scheiben geschnitten
- 2 Tassen Baby-Rucola

Richtungen:

1. In einer Schüssel die geräucherte Forelle mit den Oliven, dem schwarzen Pfeffer und den anderen Zutaten mischen, schwenken und servieren.

Ernährung: Kalorien 282, Fett 13,4, Ballaststoffe 5,3, Kohlenhydrate 11,6, Protein 5,6

Safran Lachs

Zubereitungszeit: 10 Minuten
Kochzeit: 12 Minuten
Portionen: 4

Zutaten:
- Schwarzer Pfeffer nach Geschmack
- ½ Teelöffel süßer Paprika
- 4 Lachsfilets, ohne Knochen
- 3 Esslöffel Olivenöl
- 1 gelbe Zwiebel, gehackt
- 2 Knoblauchzehen, gehackt
- ¼ Teelöffel Safranpulver

Richtungen:
1. Eine Pfanne mit dem Öl bei mittlerer Hitze erhitzen, die Zwiebel und den Knoblauch dazugeben, schwenken und 2 Minuten anbraten.
2. Den Lachs und die anderen Zutaten zugeben, 5 Minuten auf jeder Seite braten, auf Teller verteilen und servieren.

Ernährung: Kalorien 339, Fett 21,6, Ballaststoffe 0,7, Kohlenhydrate 3,2, Protein 35

Garnelen- und Wassermelonensalat

Zubereitungszeit: 10 Minuten
Kochzeit: 0 Minuten
Portionen: 4

Zutaten:

- ¼ Tasse Basilikum, gehackt
- 2 Tassen Wassermelone, geschält und gewürfelt
- 2 Esslöffel Balsamico-Essig
- 2 Esslöffel Olivenöl
- 1 Pfund Garnelen, geschält, entdarmt und gekocht
- Schwarzer Pfeffer nach Geschmack
- 1 EL Petersilie, gehackt

Richtungen:

1. In einer Schüssel die Garnelen mit der Wassermelone und den anderen Zutaten mischen, schwenken und servieren.

Ernährung: Kalorien 220, Fett 9, Ballaststoffe 0,4, Kohlenhydrate 7,6, Protein 26,4

Oregano-Garnelen und Quinoa-Salat

Zubereitungszeit: 5 Minuten
Kochzeit: 8 Minuten
Portionen: 4

Zutaten:

- 1 Pfund Garnelen, geschält und entdarmt
- 1 Tasse Quinoa, gekocht
- Schwarzer Pfeffer nach Geschmack
- 1 Esslöffel Olivenöl
- 1 Esslöffel Oregano, gehackt
- 1 rote Zwiebel, gehackt
- Saft von 1 Zitrone

Richtungen:

1. Eine Pfanne mit dem Öl bei mittlerer Hitze erhitzen, die Zwiebel hinzugeben, umrühren und 2 Minuten anbraten.
2. Die Garnelen hinzufügen, umrühren und 5 Minuten kochen lassen.
3. Restliche Zutaten dazugeben, durchschwenken, alles auf Schälchen verteilen und servieren.

Ernährung: Kalorien 336, Fett 8,2, Ballaststoffe 4,1, Kohlenhydrate 32,3, Protein 32,3

Krabbensalat

Zubereitungszeit: 10 Minuten
Kochzeit: 0 Minuten
Portionen: 4

Zutaten:

- 1 Esslöffel Olivenöl
- 2 Tassen Krabbenfleisch
- Schwarzer Pfeffer nach Geschmack
- 1 Tasse Kirschtomaten, halbiert
- 1 Schalotte, gehackt
- 1 Esslöffel Zitronensaft
- 1/3 Tasse Koriander, gehackt

Richtungen:

1. In einer Schüssel die Krabben mit den Tomaten und den anderen Zutaten mischen, schwenken und servieren.

Ernährung: Kalorien 54, Fett 3,9, Ballaststoffe 0,6, Kohlenhydrate 2,6, Protein 2,3

Balsamico-Jakobsmuscheln

Zubereitungszeit: 4 Minuten
Kochzeit: 6 Minuten
Portionen: 4

Zutaten:

- 12 Unzen Jakobsmuscheln
- 2 Esslöffel Olivenöl
- 2 Knoblauchzehen, gehackt
- 1 Esslöffel Balsamico-Essig
- 1 Tasse Frühlingszwiebeln, in Scheiben geschnitten
- 2 Esslöffel Koriander, gehackt

Richtungen:

1. Eine Pfanne mit dem Öl bei mittlerer Hitze erhitzen, die Frühlingszwiebeln und den Knoblauch dazugeben und 2 Minuten anbraten.
2. Die Jakobsmuscheln und die anderen Zutaten zugeben, 2 Minuten auf jeder Seite anbraten, auf Teller verteilen und servieren.

Ernährung: Kalorien 146, Fett 7,7, Ballaststoffe 0,7, Kohlenhydrate 4,4, Protein 14,8

Cremige Flunder-Mischung

Zubereitungszeit: 10 Minuten
Kochzeit: 20 Minuten
Portionen: 4

Zutaten:

- 2 Esslöffel Olivenöl
- 1 rote Zwiebel, gehackt
- Schwarzer Pfeffer nach Geschmack
- ½ Tasse natriumarme Gemüsebrühe
- 4 Flunderfilets, ohne Knochen
- ½ Tasse Kokoscreme
- 1 Esslöffel Dill, gehackt

Richtungen:

1. Eine Pfanne mit dem Öl bei mittlerer Hitze erhitzen, die Zwiebel dazugeben, umrühren und 5 Minuten anbraten.
2. Fügen Sie den Fisch hinzu und braten Sie ihn 4 Minuten lang auf jeder Seite.
3. Restliche Zutaten dazugeben, weitere 7 Minuten garen, auf Teller verteilen und servieren.

Ernährung: Kalorien 232, Fett 12,3, Ballaststoffe 4, Kohlenhydrate 8,7, Protein 12

Würziger Lachs-Mango-Mix

Zubereitungszeit: 5 Minuten
Kochzeit: 0 Minuten
Portionen: 4

Zutaten:

- 1 Pfund Räucherlachs, ohne Knochen, Haut und Flocken
- Schwarzer Pfeffer nach Geschmack
- 1 rote Zwiebel, gehackt
- 1 Mango, geschält, kernlos und gehackt
- 2 Jalapenopfeffer, gehackt
- ¼ Tasse Petersilie, gehackt
- 3 Esslöffel Limettensaft
- 1 Esslöffel Olivenöl

Richtungen:

2. In einer Schüssel den Lachs mit dem schwarzen Pfeffer und den anderen Zutaten mischen, schwenken und servieren.

Ernährung: Kalorien 323, Fett 14,2, Ballaststoffe 4, Kohlenhydrate 8,5, Protein 20,4

Garnelenmischung mit Dill

Zubereitungszeit: 5 Minuten
Kochzeit: 0 Minuten
Portionen: 4

Zutaten:

- 2 Teelöffel Zitronensaft
- 1 Esslöffel Olivenöl
- 1 Esslöffel Dill, gehackt
- 1 Pfund Garnelen, gekocht, geschält und entdarmt
- Schwarzer Pfeffer nach Geschmack
- 1 Tasse Radieschen, gewürfelt

Richtungen:

1. In einer Schüssel die Garnelen mit dem Zitronensaft und den anderen Zutaten mischen, schwenken und servieren.

Ernährung: Kalorien 292, Fett 13, Ballaststoffe 4,4, Kohlenhydrate 8, Protein 16,4

Lachspastete

Zubereitungszeit: 4 Minuten
Kochzeit: 0 Minuten
Portionen: 6

Zutaten:

- 6 Unzen geräucherter Lachs, ohne Knochen, ohne Haut und zerkleinert
- 2 EL fettarmer Joghurt
- 3 Teelöffel Zitronensaft
- 2 Frühlingszwiebeln, gehackt
- 8 Unzen fettarmer Frischkäse
- ¼ Tasse Koriander, gehackt

Richtungen:

1. In einer Schüssel den Lachs mit dem Joghurt und den anderen Zutaten mischen, verquirlen und kalt servieren.

Ernährung: Kalorien 272, Fett 15,2, Ballaststoffe 4,3, Kohlenhydrate 16,8, Protein 9,9

Garnelen mit Artischocken

Zubereitungszeit: 4 Minuten
Kochzeit: 8 Minuten
Portionen: 4

Zutaten:

- 2 Frühlingszwiebeln, gehackt
- 1 Tasse Artischocken aus der Dose, ohne Salzzusatz, abgetropft und geviertelt
- 2 Esslöffel Koriander, gehackt
- 1 Pfund Garnelen, geschält und entdarmt
- 1 Tasse Kirschtomaten, gewürfelt
- 1 Esslöffel Olivenöl
- 1 Esslöffel Balsamico-Essig
- Eine Prise Salz und schwarzer Pfeffer

Richtungen:

1. Eine Pfanne mit dem Öl bei mittlerer Hitze erhitzen, die Zwiebeln und die Artischocken dazugeben, schwenken und 2 Minuten garen.
2. Garnelen hinzugeben, schwenken und bei mittlerer Hitze 6 Minuten garen.
3. Alles auf Schälchen verteilen und servieren.

Ernährung: Kalorien 260, Fett 8,23, Ballaststoffe 3,8, Kohlenhydrate 14,3, Protein 12,4

Garnelen mit Zitronensauce

Zubereitungszeit: 5 Minuten
Kochzeit: 8 Minuten
Portionen: 4

Zutaten:

- 1 Pfund Garnelen, geschält und entdarmt
- 2 Esslöffel Olivenöl
- Schale von 1 Zitrone, gerieben
- Saft von ½ Zitrone
- 1 EL Schnittlauch, gehackt

Richtungen:

1. Eine Pfanne mit dem Öl bei mittlerer Hitze erhitzen, die Zitronenschale, den Zitronensaft und den Koriander hinzufügen, umrühren und 2 Minuten kochen lassen.
2. Garnelen dazugeben, alles weitere 6 Minuten garen, auf Teller verteilen und servieren.

Ernährung: Kalorien 195, Fett 8,9, Ballaststoffe 0, Kohlenhydrate 1,8, Protein 25,9

Thunfisch-Orangen-Mix

Zubereitungszeit: 5 Minuten
Kochzeit: 12 Minuten
Portionen: 4

Zutaten:

- 4 Thunfischfilets, ohne Knochen
- Schwarzer Pfeffer nach Geschmack
- 2 Esslöffel Olivenöl
- 2 Schalotten, gehackt
- 3 Esslöffel Orangensaft
- 1 Orange, geschält und in Segmente geschnitten
- 1 Esslöffel Oregano, gehackt

Richtungen:

1. Eine Pfanne mit dem Öl bei mittlerer Hitze erhitzen, die Schalotten dazugeben, umrühren und 2 Minuten anbraten.
2. Den Thunfisch und die anderen Zutaten zugeben, alles weitere 10 Minuten garen, auf Teller verteilen und servieren.

Ernährung: Kalorien 457, Fett 38,2, Ballaststoffe 1,6, Kohlenhydrate 8,2, Protein 21,8

Lachs-Curry

Zubereitungszeit: 10 Minuten
Kochzeit: 20 Minuten
Portionen: 4

Zutaten:

- 1 Pfund Lachsfilet, ohne Knochen und gewürfelt
- 3 Esslöffel rote Currypaste
- 1 rote Zwiebel, gehackt
- 1 Teelöffel süßer Paprika
- 1 Tasse Kokoscreme
- 1 Esslöffel Olivenöl
- Schwarzer Pfeffer nach Geschmack
- ½ Tasse natriumarme Hühnerbrühe
- 3 EL Basilikum, gehackt

Richtungen:

1. Eine Pfanne mit dem Öl bei mittlerer Hitze erhitzen, die Zwiebel, das Paprikapulver und die Currypaste hinzugeben, schwenken und 5 Minuten braten.
2. Den Lachs und die anderen Zutaten hinzufügen, vorsichtig schwenken, bei mittlerer Hitze 15 Minuten kochen, auf Schüsseln verteilen und servieren.

Ernährung: Kalorien 377, Fett 28,3, Ballaststoffe 2,1, Kohlenhydrate 8,5, Protein 23,9

Lachs und Karotten Mix

Zubereitungszeit: 10 Minuten
Kochzeit: 15 Minuten
Portionen: 4

Zutaten:

- 4 Lachsfilets, ohne Knochen
- 1 rote Zwiebel, gehackt
- 2 Karotten, in Scheiben geschnitten
- 2 Esslöffel Olivenöl
- 2 Esslöffel Balsamico-Essig
- Schwarzer Pfeffer nach Geschmack
- 2 Esslöffel Schnittlauch, gehackt
- ¼ Tasse natriumarme Gemüsebrühe

Richtungen:

1. Eine Pfanne mit dem Öl bei mittlerer Hitze erhitzen, die Zwiebel und die Karotten dazugeben, schwenken und 5 Minuten dünsten.
2. Den Lachs und die restlichen Zutaten zugeben, alles weitere 10 Minuten garen, auf Teller verteilen und servieren.

Ernährung: Kalorien 322, Fett 18, Ballaststoffe 1,4, Kohlenhydrate 6, Protein 35,2

Garnelen- und Pinienkernmischung

Zubereitungszeit: 10 Minuten
Kochzeit: 10 Minuten
Portionen: 4

Zutaten:

- 1 Pfund Garnelen, geschält und entdarmt
- 2 Esslöffel Pinienkerne
- 1 Esslöffel Limettensaft
- 2 Esslöffel Olivenöl
- 3 Knoblauchzehen, gehackt
- Schwarzer Pfeffer nach Geschmack
- 1 EL Thymian, gehackt
- 2 Esslöffel Schnittlauch, fein gehackt

Richtungen:

1. Eine Pfanne mit dem Öl bei mittlerer Hitze erhitzen, Knoblauch, Thymian, Pinienkerne und Limettensaft hinzugeben, schwenken und 3 Minuten kochen lassen.
2. Garnelen, schwarzen Pfeffer und Schnittlauch hinzugeben, umrühren, weitere 7 Minuten kochen, auf Teller verteilen und servieren.

Ernährung: Kalorien 290, Fett 13, Ballaststoffe 4,5, Kohlenhydrate 13,9, Protein 10

Chili Kabeljau und grüne Bohnen

Zubereitungszeit: 10 Minuten
Kochzeit: 14 Minuten
Portionen: 4

Zutaten:

- 4 Kabeljaufilets, ohne Knochen
- ½ Pfund grüne Bohnen, getrimmt und halbiert
- 1 Esslöffel Limettensaft
- 1 Esslöffel Limettenschale, gerieben
- 1 gelbe Zwiebel, gehackt
- 2 Esslöffel Olivenöl
- 1 Teelöffel Kreuzkümmel, gemahlen
- 1 Teelöffel Chilipulver
- ½ Tasse natriumarme Gemüsebrühe
- Eine Prise Salz und schwarzer Pfeffer

Richtungen:

1. Eine Pfanne mit dem Öl bei mittlerer Hitze erhitzen, die Zwiebel hinzugeben, schwenken und 2 Minuten braten.
2. Fügen Sie den Fisch hinzu und braten Sie ihn 3 Minuten lang auf jeder Seite.
3. Die grünen Bohnen und die restlichen Zutaten hinzufügen, vorsichtig schwenken, weitere 7 Minuten kochen, auf Teller verteilen und servieren.

Ernährung: Kalorien 220, Fett 13, Kohlenhydrate 14,3, Ballaststoffe 2,3, Protein 12

Knoblauch Jakobsmuscheln

Zubereitungszeit: 5 Minuten
Kochzeit: 8 Minuten
Portionen: 4

Zutaten:

- 12 Jakobsmuscheln
- 1 rote Zwiebel, in Scheiben geschnitten
- 2 Esslöffel Olivenöl
- ½ Teelöffel Knoblauch, gehackt
- 2 Esslöffel Zitronensaft
- Schwarzer Pfeffer nach Geschmack
- 1 Teelöffel Balsamico-Essig

Richtungen:

1. Eine Pfanne mit dem Öl bei mittlerer Hitze erhitzen, die Zwiebel und den Knoblauch dazugeben und 2 Minuten anschwitzen.
2. Die Jakobsmuscheln und die anderen Zutaten zugeben, bei mittlerer Hitze weitere 6 Minuten garen, auf Teller verteilen und heiß servieren.

Ernährung: Kalorien 259, Fett 8, Ballaststoffe 3, Kohlenhydrate 5,7, Protein 7

Cremiger Wolfsbarsch-Mix

Zubereitungszeit: 10 Minuten
Kochzeit: 14 Minuten
Portionen: 4

Zutaten:

- 4 Wolfsbarschfilets, ohne Knochen
- 1 Tasse Kokoscreme
- 1 gelbe Zwiebel, gehackt
- 1 Esslöffel Limettensaft
- 2 Esslöffel Avocadoöl
- 1 EL Petersilie, gehackt
- Eine Prise schwarzer Pfeffer

Richtungen:

1. Eine Pfanne mit dem Öl bei mittlerer Hitze erhitzen, die Zwiebel dazugeben, schwenken und 2 Minuten dünsten.
2. Fügen Sie den Fisch hinzu und braten Sie ihn 4 Minuten lang auf jeder Seite.
3. Restliche Zutaten dazugeben, alles weitere 4 Minuten garen, auf Teller verteilen und servieren.

Ernährung: Kalorien 283, Fett 12,3, Ballaststoffe 5, Kohlenhydrate 12,5, Protein 8

Mischung aus Seebarsch und Pilzen

Zubereitungszeit: 10 Minuten
Kochzeit: 13 Minuten
Portionen: 4

Zutaten:

- 4 Wolfsbarschfilets, ohne Knochen
- 2 Esslöffel Olivenöl
- Schwarzer Pfeffer nach Geschmack
- ½ Tasse weiße Champignons, in Scheiben geschnitten
- 1 rote Zwiebel, gehackt
- 2 Esslöffel Balsamico-Essig
- 3 Esslöffel Koriander, gehackt

Richtungen:

1. Eine Pfanne mit dem Öl bei mittlerer Hitze erhitzen, die Zwiebel und die Champignons hinzugeben, umrühren und 5 Minuten braten.
2. Den Fisch und die anderen Zutaten zugeben, 4 Minuten auf jeder Seite garen, alles auf Teller verteilen und servieren.

Ernährung: Kalorien 280, Fett 12,3, Ballaststoffe 8, Kohlenhydrate 13,6, Protein 14,3

Lachssuppe

Zubereitungszeit: 5 Minuten
Kochzeit: 20 Minuten
Portionen: 4

Zutaten:

- 1 Pfund Lachsfilets, ohne Knochen, ohne Haut und gewürfelt
- 1 Tasse gelbe Zwiebel, gehackt
- 2 Esslöffel Olivenöl
- Schwarzer Pfeffer nach Geschmack
- 2 Tassen natriumarme Gemüsebrühe
- 1 und ½ Tassen Tomaten, gehackt
- 1 EL Basilikum, gehackt

Richtungen:

1. Einen Topf mit dem Öl bei mittlerer Hitze erhitzen, die Zwiebel dazugeben, umrühren und 5 Minuten anschwitzen.
2. Den Lachs und die anderen Zutaten zugeben, zum Köcheln bringen und bei mittlerer Hitze 15 Minuten garen.
3. Den Chowder auf Schälchen verteilen und servieren.

Ernährung: Kalorien 250, Fett 12,2, Ballaststoffe 5, Kohlenhydrate 8,5, Protein 7

Muskat Garnelen

Zubereitungszeit: 3 Minuten
Kochzeit: 6 Minuten
Portionen: 4

Zutaten:

- 1 Pfund Garnelen, geschält und entdarmt
- 2 Esslöffel Olivenöl
- 1 Esslöffel Zitronensaft
- 1 Esslöffel Muskatnuss, gemahlen
- Schwarzer Pfeffer nach Geschmack
- 1 Esslöffel Koriander, gehackt

Richtungen:

1. Eine Pfanne mit dem Öl bei mittlerer Hitze erhitzen, Garnelen, Zitronensaft und die anderen Zutaten hinzufügen, schwenken, 6 Minuten kochen, auf Schüsseln verteilen und servieren.

Ernährung: Kalorien 205, Fett 9,6, Ballaststoffe 0,4, Kohlenhydrate 2,7, Protein 26

Garnelen- und Beerenmischung

Zubereitungszeit: 4 Minuten
Kochzeit: 6 Minuten
Portionen: 4

Zutaten:

- 1 Pfund Garnelen, geschält und entdarmt
- ½ Tasse Tomaten, gewürfelt
- 2 Esslöffel Olivenöl
- 1 Esslöffel Balsamico-Essig
- ½ Tasse Erdbeeren, gehackt
- Schwarzer Pfeffer nach Geschmack

Richtungen:

1. Eine Pfanne mit dem Öl bei mittlerer Hitze erhitzen, die Garnelen hinzugeben, schwenken und 3 Minuten braten.
2. Die restlichen Zutaten hinzufügen, umrühren, weitere 3-4 Minuten kochen, auf Schüsseln verteilen und servieren.

Ernährung: Kalorien 205, Fett 9, Ballaststoffe 0,6, Kohlenhydrate 4, Protein 26,2

Gebackene Zitronenforelle

Zubereitungszeit: 10 Minuten
Kochzeit: 30 Minuten
Portionen: 4

Zutaten:

- 4 Forellen
- 1 Esslöffel Zitronenschale, gerieben
- 2 Esslöffel Olivenöl
- 2 Esslöffel Zitronensaft
- Eine Prise schwarzer Pfeffer
- 2 Esslöffel Koriander, gehackt

Richtungen:

1. In einer Auflaufform den Fisch mit der Zitronenschale und den anderen Zutaten mischen und reiben.
2. 30 Minuten bei 370 Grad F backen, auf Teller verteilen und servieren.

Ernährung: Kalorien 264, Fett 12,3, Ballaststoffe 5, Kohlenhydrate 7, Protein 11

Schnittlauch Jakobsmuscheln

Zubereitungszeit: 3 Minuten
Kochzeit: 4 Minuten
Portionen: 4

Zutaten:

- 12 Jakobsmuscheln
- 2 Esslöffel Olivenöl
- Schwarzer Pfeffer nach Geschmack
- 2 Esslöffel Schnittlauch, gehackt
- 1 Esslöffel süßer Paprika

Richtungen:

1. Eine Pfanne mit dem Öl bei mittlerer Hitze erhitzen, Jakobsmuscheln, Paprika und die anderen Zutaten dazugeben und 2 Minuten auf jeder Seite anbraten.
2. Auf Teller verteilen und mit einem Beilagensalat servieren.

Ernährung: Kalorien 215, Fett 6, Ballaststoffe 5, Kohlenhydrate 4,5, Protein 11

Thunfisch-Fleischbällchen

Zubereitungszeit: 10 Minuten
Kochzeit: 30 Minuten
Portionen: 4

Zutaten:

- 2 Esslöffel Olivenöl
- 1 Pfund Thunfisch, ohne Haut, ohne Knochen und gehackt
- 1 gelbe Zwiebel, gehackt
- ¼ Tasse Schnittlauch, gehackt
- 1 Ei, verquirlt
- 1 Esslöffel Kokosmehl
- Eine Prise Salz und schwarzer Pfeffer

Richtungen:

1. In einer Schüssel den Thunfisch mit der Zwiebel und den anderen Zutaten außer dem Öl mischen, gut umrühren und daraus mittelgroße Frikadellen formen.
2. Die Fleischbällchen auf einem Backblech anrichten, mit Öl einfetten, bei 350 Grad F in den Ofen geben, 30 Minuten garen, auf Teller verteilen und servieren.

Ernährung: Kalorien 291, Fett 14,3, Ballaststoffe 5, Kohlenhydrate 12,4, Protein 11

Lachspfanne

Zubereitungszeit: 10 Minuten

Kochzeit: 12 Minuten

Portionen: 4

Zutaten:

- 4 Lachsfilets, ohne Knochen und grob gewürfelt
- 2 Esslöffel Olivenöl
- 1 rote Paprika, in Streifen geschnitten
- 1 Zucchini, grob gewürfelt
- 1 Aubergine, grob gewürfelt
- 1 Esslöffel Zitronensaft
- 1 Esslöffel Dill, gehackt
- ¼ Tasse natriumarme Gemüsebrühe
- 1 Teelöffel Knoblauchpulver
- Eine Prise schwarzer Pfeffer

Richtungen:

1. Eine Pfanne mit Öl bei mittlerer Hitze erhitzen, Paprika, Zucchini und Auberginen dazugeben, schwenken und 3 Minuten anbraten.
2. Den Lachs und die anderen Zutaten zugeben, vorsichtig schwenken, alles weitere 9 Minuten garen, auf Teller verteilen und servieren.

Ernährung: Kalorien 348, Fett 18,4, Ballaststoffe 5,3, Kohlenhydrate 11,9, Protein 36,9

Senf-Kabeljau-Mischung

Zubereitungszeit: 10 Minuten
Kochzeit: 25 Minuten
Portionen: 4

Zutaten:

- 4 Kabeljaufilets, ohne Haut und Gräten
- Eine Prise schwarzer Pfeffer
- 1 Teelöffel Ingwer, gerieben
- 1 Esslöffel Senf
- 2 Esslöffel Olivenöl
- 1 Teelöffel Thymian, getrocknet
- ¼ Teelöffel Kreuzkümmel, gemahlen
- 1 Teelöffel Kurkumapulver
- ¼ Tasse Koriander, gehackt
- 1 Tasse natriumarme Gemüsebrühe
- 3 Knoblauchzehen, gehackt

Richtungen:

1. In einer Bratpfanne den Kabeljau mit schwarzem Pfeffer, Ingwer und den anderen Zutaten mischen, vorsichtig schwenken und 25 Minuten lang bei 380 Grad F backen.
2. Die Mischung auf Teller verteilen und servieren.

Ernährung: Kalorien 176, Fett 9, Ballaststoffe 1, Kohlenhydrate 3,7, Protein 21,2

Garnelen-Spargel-Mix

Zubereitungszeit: 10 Minuten
Kochzeit: 14 Minuten
Portionen: 4

Zutaten:

- 1 Spargelbund, halbiert
- 1 Pfund Garnelen, geschält und entdarmt
- Schwarzer Pfeffer nach Geschmack
- 2 Esslöffel Olivenöl
- 1 rote Zwiebel, gehackt
- 2 Knoblauchzehen, gehackt
- 1 Tasse Kokoscreme

Richtungen:

1. Eine Pfanne mit dem Öl bei mittlerer Hitze erhitzen, die Zwiebel, den Knoblauch und den Spargel dazugeben, schwenken und 4 Minuten dünsten.
2. Die Garnelen und die anderen Zutaten hinzufügen, schwenken, bei mittlerer Hitze 10 Minuten köcheln lassen, alles auf Schälchen verteilen und servieren.

Ernährung: Kalorien 225, Fett 6, Ballaststoffe 3,4, Kohlenhydrate 8,6, Protein 8

Kabeljau und Erbsen

Zubereitungszeit: 10 Minuten
Kochzeit: 20 Minuten
Portionen: 4

Zutaten:

- 1 gelbe Zwiebel, gehackt
- 2 Esslöffel Olivenöl
- ½ Tasse natriumarme Hühnerbrühe
- 4 Kabeljaufilets, ohne Knochen, ohne Haut
- Schwarzer Pfeffer nach Geschmack
- 1 Tasse Kaiserschoten

Richtungen:

1. Einen Topf mit dem Öl bei mittlerer Hitze erhitzen, die Zwiebel hinzugeben, umrühren und 4 Minuten dünsten.
2. Fügen Sie den Fisch hinzu und braten Sie ihn 3 Minuten lang auf jeder Seite.
3. Kaiserschoten und die anderen Zutaten zugeben, alles weitere 10 Minuten garen, auf Teller verteilen und servieren.

Ernährung: Kalorien 240, Fett 8,4, Ballaststoffe 2,7, Kohlenhydrate 7,6, Protein 14

Garnelen- und Muschelschalen

Zubereitungszeit: 5 Minuten
Kochzeit: 12 Minuten
Portionen: 4

Zutaten:
- 1 Pfund Muscheln, geschrubbt
- ½ Tasse natriumarme Hühnerbrühe
- 1 Pfund Garnelen, geschält und entdarmt
- 2 Schalotten, gehackt
- 1 Tasse Kirschtomaten, gewürfelt
- 2 Knoblauchzehen, gehackt
- 1 Esslöffel Olivenöl
- Saft von 1 Zitrone

Richtungen:
1. Eine Pfanne mit dem Öl bei mittlerer Hitze erhitzen, die Schalotten und den Knoblauch dazugeben und 2 Minuten anschwitzen.
2. Garnelen, Muscheln und die anderen Zutaten zugeben, alles bei mittlerer Hitze 10 Minuten garen, auf Schälchen verteilen und servieren.

Ernährung: Kalorien 240, Fett 4,9, Ballaststoffe 2,4, Kohlenhydrate 11,6, Protein 8

Dash-Diät-Dessert-Rezepte

Minzcreme

Vorbereitungszeit:2 Stunden und 4 Minuten

Kochzeit: 0 Minuten
Portionen: 4

Zutaten:

- 4 Tassen fettarmer Joghurt
- 1 Tasse Kokoscreme
- 3 Esslöffel Stevia
- 2 Teelöffel Limettenschale, gerieben
- 1 Esslöffel Minze, gehackt

Richtungen:

1. Die Sahne mit dem Joghurt und den anderen Zutaten in einem Mixer mischen, gut pürieren, in Tassen verteilen und vor dem Servieren 2 Stunden im Kühlschrank aufbewahren.

Ernährung: Kalorien 512, Fett 14,3, Ballaststoffe 1,5, Kohlenhydrate 83,6, Protein 12,1

Himbeerpudding

Zubereitungszeit: 10 Minuten
Kochzeit: 24 Minuten
Portionen: 4

Zutaten:
- 1 Tasse Himbeeren
- 2 Teelöffel Kokosblütenzucker
- 3 Eier, verquirlt
- 1 Esslöffel Avocadoöl
- ½ Tasse Mandelmilch
- ½ Tasse Kokosmehl
- ¼ Tasse fettfreier Joghurt

Richtungen:
1. In einer Schüssel die Himbeeren mit dem Zucker und den anderen Zutaten außer dem Kochspray mischen und gut verquirlen.
2. Eine Puddingform mit dem Kochspray einfetten, die Himbeermischung hinzufügen, verteilen, im Ofen bei 200 Grad F 24 Minuten backen, auf Dessertteller verteilen und servieren.

Ernährung: Kalorien 215, Fett 11,3, Ballaststoffe 3,4, Kohlenhydrate 21,3, Protein 6,7

Mandelriegel

Zubereitungszeit: 10 Minuten
Kochzeit: 30 Minuten
Portionen: 4

Zutaten:

- 1 Tasse Mandeln, zerstoßen
- 2 Eier, verquirlt
- ½ Tasse Mandelmilch
- 1 Teelöffel Vanilleextrakt
- 2/3 Tasse Kokoszucker
- 2 Tassen Vollkornmehl
- 1 Teelöffel Backpulver
- Kochspray

Richtungen:

1. In einer Schüssel die Mandeln mit den Eiern und den anderen Zutaten außer dem Kochspray vermischen und gut verrühren.
2. In eine mit Kochspray eingefettete rechteckige Form füllen, gut verteilen, im Ofen 30 Minuten backen, abkühlen lassen, in Riegel schneiden und servieren.

Ernährung: Kalorien 463, Fett 22,5, Ballaststoffe 11, Kohlenhydrate 54,4, Protein 16,9

Mischung aus gebackenen Pfirsichen

Zubereitungszeit: 10 Minuten
Kochzeit: 30 Minuten
Portionen: 4

Zutaten:

- 4 Pfirsiche, entsteint und halbiert
- 1 Esslöffel Kokosblütenzucker
- 1 Teelöffel Vanilleextrakt
- ¼ Teelöffel Zimtpulver
- 1 Esslöffel Avocadoöl

Richtungen:

1. In einer Backform die Pfirsiche mit dem Zucker und den anderen Zutaten mischen, bei 375 Grad F für 30 Minuten backen, abkühlen und servieren.

Ernährung: Kalorien 91, Fett 0,8, Ballaststoffe 2,5, Kohlenhydrate 19,2, Protein 1,7

Walnuss-Kuchen

Zubereitungszeit: 10 Minuten
Kochzeit: 25 Minuten
Portionen: 8

Zutaten:

- 3 Tassen Mandelmehl
- 1 Tasse Kokoszucker
- 1 Esslöffel Vanilleextrakt
- ½ Tasse Walnüsse, gehackt
- 2 Teelöffel Backpulver
- 2 Tassen Kokosmilch
- ½ Tasse Kokosöl, geschmolzen

Richtungen:

1. In einer Schüssel das Mandelmehl mit dem Zucker und den anderen Zutaten mischen, gut verquirlen, in eine Kuchenform gießen, verteilen, bei 370 Grad F in den Ofen geben, 25 Minuten backen.
2. Den Kuchen abkühlen lassen, anschneiden und servieren.

Ernährung: Kalorien 445, Fett 10, Ballaststoffe 6,5, Kohlenhydrate 31,4, Protein 23,5

Apfelkuchen

Zubereitungszeit: 10 Minuten
Kochzeit: 30 Minuten
Portionen: 4

Zutaten:
- 2 Tassen Mandelmehl
- 1 Teelöffel Backpulver
- 1 Teelöffel Backpulver
- ½ Teelöffel Zimtpulver
- 2 Esslöffel Kokosblütenzucker
- 1 Tasse Mandelmilch
- 2 grüne Äpfel, entkernt, geschält und gehackt
- Kochspray

Richtungen:
1. In einer Schüssel das Mehl mit dem Natron, den Äpfeln und den anderen Zutaten außer dem Kochspray mischen und gut verquirlen.
2. Gießen Sie dies in eine mit dem Kochspray eingefettete Kuchenform, verteilen Sie es gut, stellen Sie es in den Ofen und backen Sie es 30 Minuten lang bei 360 Grad F.
3. Den Kuchen abkühlen lassen, anschneiden und servieren.

Ernährung: Kalorien 332, Fett 22,4, Ballaststoffe 9l,6, Kohlenhydrate 22,2, Protein 12,3

Zimtcreme

Vorbereitungszeit: 2 Stunden
Kochzeit: 10 Minuten
Portionen: 4

Zutaten:
- 1 Tasse fettfreie Mandelmilch
- 1 Tasse Kokoscreme
- 2 Tassen Kokoszucker
- 2 Esslöffel Zimtpulver
- 1 Teelöffel Vanilleextrakt

Richtungen:
1. Eine Pfanne mit der Mandelmilch bei mittlerer Hitze erhitzen, die restlichen Zutaten hinzufügen, verquirlen und weitere 10 Minuten kochen.
2. Die Mischung auf Schälchen verteilen, abkühlen lassen und vor dem Servieren 2 Stunden im Kühlschrank aufbewahren.

Ernährung: Kalorien 254, Fett 7,5, Ballaststoffe 5, Kohlenhydrate 16,4, Protein 9,5

Cremige Erdbeermischung

Zubereitungszeit: 10 Minuten
Kochzeit: 0 Minuten
Portionen: 4

Zutaten:
- 1 Teelöffel Vanilleextrakt
- 2 Tassen Erdbeeren, gehackt
- 1 Teelöffel Kokosblütenzucker
- 8 Unzen fettfreier Joghurt

Richtungen:
1. In einer Schüssel die Erdbeeren mit der Vanille und den anderen Zutaten vermischen, schwenken und kalt servieren.

Ernährung: Kalorien 343, Fett 13,4, Ballaststoffe 6, Kohlenhydrate 15,43, Protein 5,5

Vanille-Pekannuss-Brownies

Zubereitungszeit: 10 Minuten
Kochzeit: 25 Minuten
Portionen: 8

Zutaten:

- 1 Tasse Pekannüsse, gehackt
- 3 Esslöffel Kokosblütenzucker
- 2 Esslöffel Kakaopulver
- 3 Eier, verquirlt
- ¼ Tasse Kokosöl, geschmolzen
- ½ Teelöffel Backpulver
- 2 Teelöffel Vanilleextrakt
- Kochspray

Richtungen:

1. In Ihrer Küchenmaschine die Pekannüsse mit dem Kokoszucker und den anderen Zutaten außer dem Kochspray mischen und gut pürieren.
2. Eine rechteckige Form mit Kochspray einfetten, die Brownies-Mischung hinzufügen, verteilen, in den Ofen geben, bei 350 Grad F für 25 Minuten backen, abkühlen lassen, in Scheiben schneiden und servieren.

Ernährung: Kalorien 370, Fett 14,3, Ballaststoffe 3, Kohlenhydrate 14,4, Protein 5,6

Erdbeerkuchen

Zubereitungszeit: 10 Minuten
Kochzeit: 25 Minuten
Portionen: 6

Zutaten:

- 2 Tassen Vollkornmehl
- 1 Tasse Erdbeeren, gehackt
- ½ Teelöffel Natron
- ½ Tasse Kokoszucker
- ¾ Tasse Kokosmilch
- ¼ Tasse Kokosöl, geschmolzen
- 2 Eier, verquirlt
- 1 Teelöffel Vanilleextrakt
- Kochspray

Richtungen:

1. In einer Schüssel das Mehl mit den Erdbeeren und den anderen Zutaten außer dem Kochspray vermengen und gut verquirlen.
2. Fetten Sie eine Kuchenform mit Kochspray ein, gießen Sie die Kuchenmischung hinein, verteilen Sie sie, backen Sie sie 25 Minuten lang bei 350 Grad F im Ofen, kühlen Sie sie ab, schneiden Sie sie in Scheiben und servieren Sie sie.

Ernährung: Kalorien 465, Fett 22,1, Ballaststoffe 4, Kohlenhydrate 18,3, Protein 13,4

Kakao-Pudding

Zubereitungszeit: 10 Minuten
Kochzeit: 10 Minuten
Portionen: 4

Zutaten:

- 2 Esslöffel Kokosblütenzucker
- 3 Esslöffel Kokosmehl
- 2 Esslöffel Kakaopulver
- 2 Tassen Mandelmilch
- 2 Eier, verquirlt
- ½ Teelöffel Vanilleextrakt

Richtungen:

1. Die Milch in einen Topf geben, den Kakao und die anderen Zutaten hinzufügen, verquirlen, bei mittlerer Hitze 10 Minuten köcheln lassen, in kleine Tassen füllen und kalt servieren.

Ernährung: Kalorien 385, Fett 31,7, Ballaststoffe 5,7, Kohlenhydrate 21,6, Protein 7,3

Muskat-Vanille-Creme

Zubereitungszeit: 10 Minuten
Kochzeit: 0 Minuten
Portionen: 6

Zutaten:

- 3 Tassen fettfreie Milch
- 1 Teelöffel Muskatnuss, gemahlen
- 2 Teelöffel Vanilleextrakt
- 4 Teelöffel Kokosblütenzucker
- 1 Tasse Walnüsse, gehackt

Richtungen:

1. In einer Schüssel Milch mit der Muskatnuss und den anderen Zutaten verrühren, gut verquirlen, auf kleine Tassen verteilen und kalt servieren.

Ernährung: Kalorien 243, Fett 12,4, Ballaststoffe 1,5, Kohlenhydrate 21,1, Protein 9,7

Avocadocreme

Vorbereitungszeit:1 Stunde und 10 Minuten

Kochzeit: 0 Minuten
Portionen: 4

Zutaten:

- 2 Tassen Kokoscreme
- 2 Avocados, geschält, entsteint und püriert
- 2 Esslöffel Kokosblütenzucker
- 1 Teelöffel Vanilleextrakt

Richtungen:

1. Die Sahne mit den Avocados und den anderen Zutaten in einem Mixer vermischen, gut pürieren, in Tassen aufteilen und vor dem Servieren 1 Stunde im Kühlschrank aufbewahren.

Ernährung: Kalorien 532, Fett 48,2, Ballaststoffe 9,4, Kohlenhydrate 24,9, Protein 5,2

Himbeercreme

Zubereitungszeit: 10 Minuten
Kochzeit: 25 Minuten
Portionen: 4

Zutaten:

- 2 Esslöffel Mandelmehl
- 1 Tasse Kokoscreme
- 3 Tassen Himbeeren
- 1 Tasse Kokoszucker
- 8 Unzen fettarmer Frischkäse

Richtungen:

1. In einer Schüssel das Mehl mit der Sahne und den anderen Zutaten verquirlen, in eine runde Pfanne geben, 25 Minuten bei 360 Grad F kochen, auf Schüsseln verteilen und servieren.

Ernährung: Kalorien 429, Fett 36,3, Ballaststoffe 7,7, Kohlenhydrate 21,3, Protein 7,8

Wassermelonensalat

Zubereitungszeit: 4 Minuten
Kochzeit: 0 Minuten
Portionen: 4

Zutaten:
- 1 Tasse Wassermelone, geschält und gewürfelt
- 2 Äpfel, entkernt und gewürfelt
- 1 Esslöffel Kokoscreme
- 2 Bananen, in Stücke geschnitten

Richtungen:
1. In einer Schüssel die Wassermelone mit den Äpfeln und den anderen Zutaten mischen, schwenken und servieren.

Ernährung: Kalorien 131, Fett 1,3, Ballaststoffe 4,5, Kohlenhydrate 31,9, Protein 1,3

Kokos-Birnen-Mix

Zubereitungszeit: 10 Minuten
Kochzeit: 10 Minuten
Portionen: 4

Zutaten:

- 2 Teelöffel Limettensaft
- ½ Tasse Kokoscreme
- ½ Tasse Kokosnuss, zerkleinert
- 4 Birnen, entkernt und gewürfelt
- 4 Esslöffel Kokosblütenzucker

Richtungen:

1. In einer Pfanne die Birnen mit dem Limettensaft und den anderen Zutaten mischen, umrühren, bei mittlerer Hitze zum Köcheln bringen und 10 Minuten kochen lassen.
2. Auf Schälchen verteilen und kalt servieren.

Ernährung: Kalorien 320, Fett 7,8, Ballaststoffe 3, Kohlenhydrate 6,4, Protein 4,7

Kompott aus Äpfeln

Zubereitungszeit: 10 Minuten
Kochzeit: 15 Minuten
Portionen: 4

Zutaten:

- 5 Esslöffel Kokosblütenzucker
- 2 Tassen Orangensaft
- 4 Äpfel, entkernt und gewürfelt

Richtungen:

1. Äpfel mit dem Zucker und dem Orangensaft in einem Topf mischen, schwenken, bei mittlerer Hitze zum Kochen bringen, 15 Minuten kochen, auf Schalen verteilen und kalt servieren.

Ernährung: Kalorien 220, Fett 5,2, Ballaststoffe 3, Kohlenhydrate 5,6, Protein 5,6

Aprikoseneintopf

Zubereitungszeit: 10 Minuten
Kochzeit: 15 Minuten
Portionen: 4

Zutaten:
- 2 Tassen Aprikosen, halbiert
- 2 Tassen Wasser
- 2 Esslöffel Kokosblütenzucker
- 2 Esslöffel Zitronensaft

Richtungen:
1. In einem Topf die Aprikosen mit dem Wasser und den anderen Zutaten vermischen, schwenken, bei mittlerer Hitze 15 Minuten kochen, auf Schalen verteilen und servieren.

Ernährung: Kalorien 260, Fett 6,2, Ballaststoffe 4,2, Kohlenhydrate 5,6, Protein 6

Zitronenmelone-Mischung

Zubereitungszeit: 10 Minuten
Kochzeit: 10 Minuten
Portionen: 4

Zutaten:

- 2 Tassen Melone, geschält und grob gewürfelt
- 4 Esslöffel Kokosblütenzucker
- 2 Teelöffel Vanilleextrakt
- 2 Teelöffel Zitronensaft

Richtungen:

1. In einer kleinen Pfanne die Cantaloupe-Melone mit dem Zucker und den anderen Zutaten verrühren, bei mittlerer Hitze erhitzen, ca. 10 Minuten kochen, auf Schälchen verteilen und kalt servieren.

Ernährung: Kalorien 140, Fett 4, Ballaststoffe 3,4, Kohlenhydrate 6,7, Protein 5

Cremige Rhabarbercreme

Zubereitungszeit: 10 Minuten
Kochzeit: 14 Minuten
Portionen: 4

Zutaten:
- 1/3 Tasse fettarmer Frischkäse
- ½ Tasse Kokoscreme
- 2 Pfund Rhabarber, grob gehackt
- 3 Esslöffel Kokosblütenzucker

Richtungen:
1. In einem Mixer den Frischkäse mit der Sahne und den anderen Zutaten mischen und gut pürieren.
2. In kleine Tassen teilen, in den Ofen geben und 14 Minuten bei 350 Grad F backen.
3. Kalt servieren.

Ernährung: Kalorien 360, Fett 14,3, Ballaststoffe 4,4, Kohlenhydrate 5,8, Protein 5,2

Ananas-Schalen

Zubereitungszeit: 10 Minuten
Kochzeit: 0 Minuten
Portionen: 4

Zutaten:

- 3 Tassen Ananas, geschält und gewürfelt
- 1 Teelöffel Chiasamen
- 1 Tasse Kokoscreme
- 1 Teelöffel Vanilleextrakt
- 1 Esslöffel Minze, gehackt

Richtungen:

1. In einer Schüssel die Ananas mit der Sahne und den anderen Zutaten vermengen, schwenken, in kleinere Schüsseln verteilen und vor dem Servieren 10 Minuten im Kühlschrank aufbewahren.

Ernährung: Kalorien 238, Fett 16,6, Ballaststoffe 5,6, Kohlenhydrate 22,8, Protein 3,3

Blaubeereintopf

Zubereitungszeit: 10 Minuten
Kochzeit: 10 Minuten
Portionen: 4

Zutaten:

- 2 Esslöffel Zitronensaft
- 1 Tasse Wasser
- 3 Esslöffel Kokosblütenzucker
- 12 Unzen Blaubeeren

Richtungen:

1. In einer Pfanne die Heidelbeeren mit dem Zucker und den anderen Zutaten mischen, leicht köcheln lassen und bei mittlerer Hitze 10 Minuten garen.
2. Auf Schälchen verteilen und servieren.

Ernährung: Kalorien 122, Fett 0,4, Ballaststoffe 2,1, Kohlenhydrate 26,7, Protein 1,5

Limettenpudding

Zubereitungszeit: 10 Minuten
Kochzeit: 15 Minuten
Portionen: 4

Zutaten:
- 2 Tassen Kokoscreme
- Saft von 1 Limette
- Schale von 1 Limette, gerieben
- 3 Esslöffel Kokosöl, geschmolzen
- 1 Ei, verquirlt
- 1 Teelöffel Backpulver

Richtungen:
1. In einer Schüssel die Sahne mit dem Limettensaft und den anderen Zutaten vermengen und gut verquirlen.
2. In kleine Förmchen teilen, in den Ofen geben und 15 Minuten bei 360 Grad F backen.
3. Den Pudding kalt servieren.

Ernährung: Kalorien 385, Fett 39,9, Ballaststoffe 2,7, Kohlenhydrate 8,2, Protein 4,2

Pfirsichcreme

Zubereitungszeit: 10 Minuten
Kochzeit: 0 Minuten
Portionen: 4

Zutaten:

- 3 Tassen Kokoscreme
- 2 Pfirsiche, entsteint und gehackt
- 1 Teelöffel Vanilleextrakt
- ½ Tasse Mandeln, gehackt

Richtungen:

1. Die Sahne und die anderen Zutaten in einem Mixer mischen, gut pürieren, in kleine Schüsseln verteilen und kalt servieren.

Ernährung: Kalorien 261, Fett 13, Ballaststoffe 5,6, Kohlenhydrate 7, Protein 5,4

Zimt-Pflaumen-Mix

Zubereitungszeit: 10 Minuten
Kochzeit: 15 Minuten
Portionen: 4

Zutaten:

- 1 Pfund Pflaumen, entsteint und halbiert
- 2 Esslöffel Kokosblütenzucker
- ½ Teelöffel Zimtpulver
- 1 Tasse Wasser

Richtungen:

1. In einer Pfanne die Pflaumen mit dem Zucker und den anderen Zutaten mischen, zum Köcheln bringen und bei mittlerer Hitze 15 Minuten kochen.
2. Auf Schälchen verteilen und kalt servieren.

Ernährung: Kalorien 142, Fett 4, Ballaststoffe 2,4, Kohlenhydrate 14, Protein 7

Chia- und Vanilleäpfel

Zubereitungszeit: 10 Minuten
Kochzeit: 10 Minuten
Portionen: 4

Zutaten:

- 2 Tassen Äpfel, entkernt und in Spalten geschnitten
- 2 Esslöffel Chiasamen
- 1 Teelöffel Vanilleextrakt
- 2 Tassen natürlich ungesüßter Apfelsaft

Richtungen:

1. Die Äpfel in einem kleinen Topf mit den Chiasamen und den anderen Zutaten vermengen, schwenken, bei mittlerer Hitze 10 Minuten kochen, auf Schälchen verteilen und kalt servieren.

Ernährung: Kalorien 172, Fett 5,6, Ballaststoffe 3,5, Kohlenhydrate 10, Protein 4,4

Reis- und Birnenpudding

Zubereitungszeit: 10 Minuten
Kochzeit: 25 Minuten
Portionen: 4

Zutaten:

- 6 Tassen Wasser
- 1 Tasse Kokoszucker
- 2 Tassen schwarzer Reis
- 2 Birnen, entkernt und gewürfelt
- 2 Teelöffel Zimtpulver

Richtungen:

1. Das Wasser in eine Pfanne geben, bei mittlerer Hitze erhitzen, den Reis, den Zucker und die anderen Zutaten hinzufügen, umrühren, zum Köcheln bringen, die Hitze auf mittlere Stufe reduzieren und 25 Minuten kochen lassen.
2. Auf Schälchen verteilen und kalt servieren.

Ernährung: Kalorien 290, Fett 13,4, Ballaststoffe 4, Kohlenhydrate 13,20, Protein 6,7

Rhabarber-Eintopf

Zubereitungszeit: 10 Minuten
Kochzeit: 15 Minuten
Portionen: 4

Zutaten:

- 2 Tassen Rhabarber, grob gehackt
- 3 Esslöffel Kokosblütenzucker
- 1 Teelöffel Mandelextrakt
- 2 Tassen Wasser

Richtungen:

1. Den Rhabarber mit den anderen Zutaten in einem Topf mischen, schwenken, bei mittlerer Hitze zum Kochen bringen, 15 Minuten kochen, auf Schälchen verteilen und kalt servieren.

Ernährung: Kalorien 142, Fett 4,1, Ballaststoffe 4,2, Kohlenhydrate 7, Protein 4

Rhabarbercreme

Vorbereitungszeit: 1 Stunde
Kochzeit: 10 Minuten
Portionen: 4

Zutaten:

- 2 Tassen Kokoscreme
- 1 Tasse Rhabarber, gehackt
- 3 Eier, verquirlt
- 3 Esslöffel Kokosblütenzucker
- 1 Esslöffel Limettensaft

Richtungen:

1. In einer kleinen Pfanne die Sahne mit dem Rhabarber und den anderen Zutaten verrühren, gut verquirlen, bei mittlerer Hitze 10 Minuten köcheln lassen, mit einem Pürierstab pürieren, auf Schälchen verteilen und vor dem Servieren 1 Stunde im Kühlschrank aufbewahren.

Ernährung: Kalorien 230, Fett 8,4, Ballaststoffe 2,4, Kohlenhydrate 7,8, Protein 6

Blaubeersalat

Zubereitungszeit: 5 Minuten
Kochzeit: 0 Minuten
Portionen: 4

Zutaten:

- 2 Tassen Blaubeeren
- 3 Esslöffel Minze, gehackt
- 1 Birne, entkernt und gewürfelt
- 1 Apfel, entkernen und würfeln
- 1 Esslöffel Kokosblütenzucker

Richtungen:

1. In einer Schüssel die Heidelbeeren mit der Minze und den anderen Zutaten vermischen, schwenken und kalt servieren.

Ernährung: Kalorien 150, Fett 2,4, Ballaststoffe 4, Kohlenhydrate 6,8, Protein 6

Datteln und Bananencreme

Zubereitungszeit: 5 Minuten
Kochzeit: 0 Minuten
Portionen: 4

Zutaten:
- 1 Tasse Mandelmilch
- 1 Banane, geschält und in Scheiben geschnitten
- 1 Teelöffel Vanilleextrakt
- ½ Tasse Kokoscreme
- Datteln, gehackt

Richtungen:
1. Die Datteln mit der Banane und den anderen Zutaten in einem Mixer mischen, gut pürieren, in kleine Tassen aufteilen und kalt servieren.

Ernährung: Kalorien 271, Fett 21,6, Ballaststoffe 3,8, Kohlenhydrate 21,2, Protein 2,7

Pflaumenmuffins

Zubereitungszeit: 10 Minuten
Kochzeit: 25 Minuten
Portionen: 12

Zutaten:

- 3 Esslöffel Kokosöl, geschmolzen
- ½ Tasse Mandelmilch
- 4 Eier, verquirlt
- 1 Teelöffel Vanilleextrakt
- 1 Tasse Mandelmehl
- 2 Teelöffel Zimtpulver
- ½ Teelöffel Backpulver
- 1 Tasse Pflaumen, entsteint und gehackt

Richtungen:

1. In einer Schüssel das Kokosöl mit der Mandelmilch und den anderen Zutaten vermengen und gut verquirlen.
2. In eine Muffinform verteilen, bei 350 Grad F in den Ofen geben und 25 Minuten backen.
3. Die Muffins kalt servieren.

Ernährung: Kalorien 270, Fett 3,4, Ballaststoffe 4,4, Kohlenhydrate 12, Protein 5

Pflaumen- und Rosinenschalen

Zubereitungszeit: 10 Minuten
Kochzeit: 20 Minuten
Portionen: 4

Zutaten:

- ½ Pfund Pflaumen, entkernt und halbiert
- 2 Esslöffel Kokosblütenzucker
- 4 Esslöffel Rosinen
- 1 Teelöffel Vanilleextrakt
- 1 Tasse Kokoscreme

Richtungen:

1. In einer Pfanne die Pflaumen mit dem Zucker und den anderen Zutaten mischen, zum Köcheln bringen und bei mittlerer Hitze 20 Minuten kochen.
2. Auf Schälchen verteilen und servieren.

Ernährung: Kalorien 219, Fett 14,4, Ballaststoffe 1,8, Kohlenhydrate 21,1, Protein 2,2

Sonnenblumenkernriegel

Zubereitungszeit: 10 Minuten
Kochzeit: 20 Minuten
Portionen: 6

Zutaten:

- 1 Tasse Kokosmehl
- ½ Teelöffel Natron
- 1 Esslöffel Leinsamen
- 3 Esslöffel Mandelmilch
- 1 Tasse Sonnenblumenkerne
- 2 Esslöffel Kokosöl, geschmolzen
- 1 Teelöffel Vanilleextrakt

Richtungen:

1. In einer Schüssel das Mehl mit dem Natron und den anderen Zutaten mischen, gut verrühren, auf einem Backblech verteilen, gut andrücken, im Ofen bei 150 Grad 20 Minuten backen, auskühlen lassen, in Riegel schneiden und dienen.

Ernährung: Kalorien 189, Fett 12,6, Ballaststoffe 9,2, Kohlenhydrate 15,7, Protein 4,7

Brombeer- und Cashew-Bowls

Zubereitungszeit: 10 Minuten

Kochzeit: 0 Minuten

Portionen: 4

Zutaten:

- 1 Tasse Cashews
- 2 Tassen Brombeeren
- ¾ Tasse Kokoscreme
- 1 Teelöffel Vanilleextrakt
- 1 Esslöffel Kokosblütenzucker

Richtungen:

1. In einer Schüssel die Cashewnüsse mit den Beeren und den anderen Zutaten vermischen, schwenken, auf kleine Schälchen verteilen und servieren.

Ernährung: Kalorien 230, Fett 4, Ballaststoffe 3,4, Kohlenhydrate 12,3, Protein 8

Orangen- und Mandarinenschalen

Zubereitungszeit: 4 Minuten
Kochzeit: 8 Minuten
Portionen: 4

Zutaten:

- 4 Orangen, geschält und in Segmente geschnitten
- 2 Mandarinen, geschält und in Segmente geschnitten
- Saft von 1 Limette
- 2 Esslöffel Kokosblütenzucker
- 1 Tasse Wasser

Richtungen:

1. In einer Pfanne die Orangen mit den Mandarinen und den anderen Zutaten mischen, zum Köcheln bringen und bei mittlerer Hitze 8 Minuten kochen.
2. Auf Schälchen verteilen und kalt servieren.

Ernährung: Kalorien 170, Fett 2,3, Ballaststoffe 2,3, Kohlenhydrate 11, Protein 3,4

Kürbiscreme

Vorbereitungszeit: 2 Stunden
Kochzeit: 0 Minuten
Portionen: 4

Zutaten:

- 2 Tassen Kokoscreme
- 1 Tasse Kürbispüree
- 14 Unzen Kokoscreme
- 3 Esslöffel Kokosblütenzucker

Richtungen:

1. In einer Schüssel die Sahne mit dem Kürbispüree und den anderen Zutaten verrühren, gut verquirlen, auf kleine Schälchen verteilen und vor dem Servieren 2 Stunden im Kühlschrank aufbewahren.

Ernährung: Kalorien 350, Fett 12,3, Ballaststoffe 3, Kohlenhydrate 11,7, Protein 6

Feigen-Rhabarber-Mix

Zubereitungszeit: 6 Minuten
Kochzeit: 14 Minuten
Portionen: 4

Zutaten:

- 2 Esslöffel Kokosöl, geschmolzen
- 1 Tasse Rhabarber, grob gehackt
- 12 Feigen, halbiert
- ¼ Tasse Kokoszucker
- 1 Tasse Wasser

Richtungen:

1. Eine Pfanne mit dem Öl bei mittlerer Hitze erhitzen, die Feigen und die restlichen Zutaten hinzufügen, schwenken, 14 Minuten kochen, in kleine Tassen verteilen und kalt servieren.

Ernährung: Kalorien 213, Fett 7,4, Ballaststoffe 6,1, Kohlenhydrate 39, Protein 2,2

Gewürzte Banane

Zubereitungszeit: 4 Minuten
Kochzeit: 15 Minuten
Portionen: 4

Zutaten:

- 4 Bananen, geschält und halbiert
- 1 Teelöffel Muskatnuss, gemahlen
- 1 Teelöffel Zimtpulver
- Saft von 1 Limette
- 4 Esslöffel Kokosblütenzucker

Richtungen:

1. Ordnen Sie die Bananen in einer Backform an, fügen Sie die Muskatnuss und die anderen Zutaten hinzu und backen Sie sie 15 Minuten lang bei 350 Grad F.
2. Die gebackenen Bananen auf Teller verteilen und servieren.

Ernährung: Kalorien 206, Fett 0,6, Ballaststoffe 3,2, Kohlenhydrate 47,1, Protein 2,4

Kakao-Smoothie

Zubereitungszeit: 5 Minuten

Kochzeit: 0 Minuten

Portionen: 2

Zutaten:

- 2 Teelöffel Kakaopulver
- 1 Avocado, entkernt, geschält und püriert
- 1 Tasse Mandelmilch
- 1 Tasse Kokoscreme

Richtungen:

1. Die Mandelmilch in Ihrem Mixer mit der Sahne und den anderen Zutaten vermengen, gut pürieren, auf Tassen verteilen und kalt servieren.

Ernährung: Kalorien 155, Fett 12,3, Ballaststoffe 4, Kohlenhydrate 8,6, Protein 5

Bananenriegel

Zubereitungszeit: 30 Minuten

Kochzeit: 0 Minuten

Portionen: 4

Zutaten:

- 1 Tasse Kokosöl, geschmolzen
- 2 Bananen, geschält und gehackt
- 1 Avocado, geschält, entsteint und püriert
- ½ Tasse Kokoszucker
- ¼ Tasse Limettensaft
- 1 Teelöffel Zitronenschale, gerieben
- Kochspray

Richtungen:

1. In Ihrer Küchenmaschine die Bananen mit dem Öl und den anderen Zutaten außer dem Kochspray mischen und gut pulsieren.
2. Eine Pfanne mit dem Kochspray einfetten, die Bananenmischung einfüllen und verteilen, verteilen, 30 Minuten in den Kühlschrank stellen, in Riegel schneiden und servieren.

Ernährung: Kalorien 639, Fett 64,6, Ballaststoffe 4,9, Kohlenhydrate 20,5, Protein 1,7

Grüner Tee und Dattelriegel

Zubereitungszeit: 10 Minuten
Kochzeit: 30 Minuten
Portionen: 8

Zutaten:

- 2 Esslöffel Grünteepulver
- 2 Tassen Kokosmilch, erhitzt
- ½ Tasse Kokosöl, geschmolzen
- 2 Tassen Kokoszucker
- 4 Eier, verquirlt
- 2 Teelöffel Vanilleextrakt
- 3 Tassen Mandelmehl
- 1 Teelöffel Backpulver
- 2 Teelöffel Backpulver

Richtungen:

1. In einer Schüssel die Kokosmilch mit dem Grünteepulver und den restlichen Zutaten mischen, gut umrühren, in eine rechteckige Pfanne gießen, verteilen, in den Ofen geben, bei 350 Grad F für 30 Minuten backen, abkühlen, anschneiden Riegel und servieren.

Ernährung: Kalorien 560, Fett 22,3, Ballaststoffe 4, Kohlenhydrate 12,8, Protein 22,1

Walnusscreme

Vorbereitungszeit: 2 Stunden
Kochzeit: 0 Minuten
Portionen: 4

Zutaten:
- 2 Tassen Mandelmilch
- ½ Tasse Kokoscreme
- ½ Tasse Walnüsse, gehackt
- 3 Esslöffel Kokosblütenzucker
- 1 Teelöffel Vanilleextrakt

Richtungen:
1. In einer Schüssel die Mandelmilch mit der Sahne und den anderen Zutaten verrühren, gut verquirlen, auf Tassen verteilen und vor dem Servieren 2 Stunden im Kühlschrank aufbewahren.

Ernährung: Kalorien 170, Fett 12,4, Ballaststoffe 3, Kohlenhydrate 12,8, Protein 4

Zitronenkuchen

Zubereitungszeit: 10 Minuten
Kochzeit: 35 Minuten
Portionen: 6

Zutaten:
- 2 Tassen Vollkornmehl
- 1 Teelöffel Backpulver
- 2 Esslöffel Kokosöl, geschmolzen
- 1 Ei, verquirlt
- 3 Esslöffel Kokosblütenzucker
- 1 Tasse Mandelmilch
- Schale von 1 Zitrone, gerieben
- Saft von 1 Zitrone

Richtungen:
1. In einer Schüssel das Mehl mit dem Öl und den anderen Zutaten mischen, gut verquirlen, in eine Kuchenform geben und 35 Minuten bei 360 Grad F backen.
2. Aufschneiden und kalt servieren.

Ernährung: Kalorien 222, Fett 12,5, Ballaststoffe 6,2, Kohlenhydrate 7, Protein 17,4

Rosinen Riegel

Zubereitungszeit: 10 Minuten
Kochzeit: 25 Minuten
Portionen: 6

Zutaten:

- 1 Teelöffel Zimtpulver
- 2 Tassen Mandelmehl
- 1 Teelöffel Backpulver
- ½ Teelöffel Muskatnuss, gemahlen
- 1 Tasse Kokosöl, geschmolzen
- 1 Tasse Kokoszucker
- 1 Ei, verquirlt
- 1 Tasse Rosinen

Richtungen:

1. In einer Schüssel das Mehl mit dem Zimt und den anderen Zutaten mischen, gut verrühren, auf einem mit Backpapier ausgelegten Backblech verteilen, in den Ofen schieben, bei 380 Grad F für 25 Minuten backen, in Riegel schneiden und kalt servieren.

Ernährung: Kalorien 274, Fett 12, Ballaststoffe 5,2, Kohlenhydrate 14,5, Protein 7

Nektarinen-Quadrate

Zubereitungszeit: 10 Minuten
Kochzeit: 20 Minuten
Portionen: 4

Zutaten:

- 3 Nektarinen, entsteint und gehackt
- 1 Esslöffel Kokosblütenzucker
- ½ Teelöffel Natron
- 1 Tasse Mandelmehl
- 4 Esslöffel Kokosöl, geschmolzen
- 2 Esslöffel Kakaopulver

Richtungen:

1. In einem Mixer die Nektarinen mit dem Zucker und den restlichen Zutaten mischen, gut pürieren, in eine ausgekleidete quadratische Pfanne gießen, verteilen, im Ofen bei 375 Grad F 20 Minuten backen, die Mischung beiseite stellen, um etwas abzukühlen , in Quadrate schneiden und servieren.

Ernährung: Kalorien 342, Fett 14,4, Ballaststoffe 7,6, Kohlenhydrate 12, Protein 7,7

Traubeneintopf

Zubereitungszeit: 10 Minuten
Kochzeit: 20 Minuten
Portionen: 4

Zutaten:

- 1 Tasse grüne Trauben
- Saft von ½ Limette
- 2 Esslöffel Kokosblütenzucker
- 1 und ½ Tassen Wasser
- 2 Teelöffel Kardamompulver

Richtungen:

1. Eine Pfanne mit dem Wasser bei mittlerer Hitze erhitzen, die Weintrauben und die anderen Zutaten zugeben, aufkochen, 20 Minuten kochen, auf Schälchen verteilen und servieren.

Ernährung: Kalorien 384, Fett 12,5, Ballaststoffe 6,3, Kohlenhydrate 13,8, Protein 5,6

Mandarinen- und Pflaumencreme

Zubereitungszeit: 10 Minuten
Kochzeit: 20 Minuten
Portionen: 4

Zutaten:

- 1 Mandarine, geschält und gehackt
- ½ Pfund Pflaumen, entsteint und gehackt
- 1 Tasse Kokoscreme
- Saft von 2 Mandarinen
- 2 Esslöffel Kokosblütenzucker

Richtungen:

1. Die Mandarine in einem Mixer mit den Pflaumen und den anderen Zutaten mischen, gut pürieren, in kleine Förmchen teilen, in den Ofen geben, bei 350 Grad F 20 Minuten lang backen und kalt servieren.

Ernährung: Kalorien 402, Fett 18,2, Ballaststoffe 2, Kohlenhydrate 22,2, Protein 4,5

Kirsch- und Erdbeercreme

Zubereitungszeit: 10 Minuten
Kochzeit: 0 Minuten
Portionen: 6

Zutaten:

- 1 Pfund Kirschen, entkernt
- 1 Tasse Erdbeeren, gehackt
- ¼ Tasse Kokoszucker
- 2 Tassen Kokoscreme

Richtungen:

1. Die Kirschen in einem Mixer mit den anderen Zutaten mischen, gut pürieren, auf Schüsseln verteilen und kalt servieren.

Ernährung: Kalorien 342, Fett 22,1, Ballaststoffe 5,6, Kohlenhydrate 8,4, Protein 6,5

Kardamom-Walnüsse und Milchreis

Zubereitungszeit: 5 Minuten
Kochzeit: 40 Minuten
Portionen: 4

Zutaten:

- 1 Tasse Basmatireis
- 3 Tassen Mandelmilch
- 3 Esslöffel Kokosblütenzucker
- ½ Teelöffel Kardamompulver
- ¼ Tasse Walnüsse, gehackt

Richtungen:

1. In einer Pfanne den Reis mit der Milch und den anderen Zutaten vermengen, umrühren, 40 Minuten bei mittlerer Hitze garen, auf Schälchen verteilen und kalt servieren.

Ernährung: Kalorien 703, Fett 47,9, Ballaststoffe 5,2, Kohlenhydrate 62,1, Protein 10,1